BUILDING THE FUTURE

T0337624

jovis

BUILDING THE FUTURE

MASSSTÄBE DES NACH- HALTIGEN BAUENS

HANS DREXLER, ADELINE SEIDEL (HG.)

jovis

„Metropolis II", Chris Burden – *Foto: Ronald Sarayudej*

„Metropolis II", Chris Burden – *Foto: Ronald Sarayudej*

Inhaltsverzeichnis

1

GLOBALE ZUSAMMEN-HÄNGE

UND LOKALE PHÄNOMENE

Nachhaltig Bauen:
Lowtech oder Hightech ?

von Dominique Gauzin-Müller

Abb. 1a – Taliesin in Spring Green, Wisconsin (USA), war Wohn- und Arbeitstätte des Architekten Frank Lloyd Wright. Die erste, 1911 errichtete Anlage wurde 1914 und 1925 jeweils nach einem Brand wiederaufgebaut.
Foto: Dominique Gauzin-Müller

Nachhaltigkeit! Was für manche Militante zum fundamentalen Wert ihres Lebens geworden ist, bleibt für andere ein Kommunikationsmittel zum Greenwashing nicht unbedenklicher Produkte. Auch unter Akteuren des Bauens enthält der Begriff Nachhaltigkeit ganz unterschiedliche Bedeutungsfelder. Der Schwerpunkt kann auf Energiesparen, natürliche Materialien oder soziale Zielsetzungen gelegt werden. Einige verbinden den Begriff mit Lowtech und Selbstbau aus Holz oder Lehm, andere mit Hightechinstallationen und Nanomaterialien. Heute stellen sich also zunehmend die Fragen: Wie viel Lowtech ist zu wünschen? Wie viel Hightech ist zu verantworten?

Seit den 1990er Jahren konzentriert sich die europäische Baubranche aufgrund der klimatischen Bedingungen und der hohen Komfortanforderungen der Bewohner im Sommer wie im Winter überwiegend auf Energie: mit dem Passivhausstandard in Deutschland und Österreich, mit Minergie in der Schweiz. Andere wichtige Aspekte sind jedoch auch zu betrachten! In einer immer urbaner werdenden Welt ist Architektur von Stadt- und Landschaftsplanung nicht zu trennen. Akteure dieser drei Bereiche dürfen sich nicht allein an ökologischen und ökonomischen Gesichtspunkten orientieren, sondern müssen ebenso soziale wie auch kulturelle Faktoren berücksichtigen. Sie sollten gemeinsam die Balance zwischen der Wiederentdeckung bioklimatischer Prinzipien, der aus dem Kontext erwachsenden Tradition und ausgeklügelten ressourcenschonenden Innovationen anstreben. Dieses ambitionierte Ziel kann nur über eine multidisziplinäre und integrative Planung erreicht werden, die auf einer holistischen Herangehensweise basiert. Eins ist dabei nie zu vergessen: Eine nachhaltige Architektur, die sich nur ein Teil der Weltbevölkerung leisten kann, ist nicht zukunftsfähig! Unsere Verantwortung als Architekten, Stadtplaner, Politiker, Bauherren oder Investoren erfordert es, an globalen Lösungen zu arbeiten, die im Norden wie im Süden sowohl Wohnbauten, Arbeitsstätten als auch öffentliche Einrichtungen in ihrem Entstehen sowie in ihrer Benutzung nachhaltiger machen. Dabei handelt es sich um Nutzerkomfort, Aufenthaltsqualität und auch Arbeitseffizienz. Wer sich in seiner gebauten Umgebung wohlfühlt, ist seltener krank, freundlicher zu anderen und leistungsfähiger. Das Gleiche gilt auch für den größeren Maßstab! Wer sich in seiner Stadt, in seiner Region wohl und sicher fühlt, ist für anderes offener und geht mit seinen Mitmenschen verständnisvoller um. Es geht um eine nachhaltigere, *ethischere* und solidarischere Gesellschaft.

Nachhaltige Architektur ist kontextbezogene Architektur
Obwohl dieser Begriff erst 1987 in dem UNO-Bericht „Our common future"[1] auftrat, ist das Konzept der Nachhaltigkeit genauso alt wie die Industrialisierung, deren negative Folgen es zu kompensieren versucht. Im Bauwesen hat es mit der von der Philosophie Thoreaus geprägten „organischen Architektur" Frank Lloyd Wrights angefangen. Laut diesem amerikanischen Meister wird ein Haus aus der Begegnung zwischen dem Geist des Ortes und den Bedürfnissen der Bewohner wie ein lebendiger Organismus geboren. Dieses Prinzip folgt der *vernakulären* Architektur, die de facto aufgrund ihrer Einbindung in die natürliche oder städtebaulich gewachsene Umgebung, ihrer Anpassung an die klimatischen Gegebenheiten und der effizienten Verarbeitung lokaler Materialien nachhaltig war. – *Abb. 1a, 1b*

Schon bei ihrer Entstehung um 1920 wendete sich die Moderne vehement von den Bautraditionen ab. Als Kontrapunkt zu diesem weltweit verbreiteten, vorherrschenden internationalen Stil wurde jedoch von einigen Pionieren die entscheidende Rolle des lokalen Kontextes betont, etwa dem Finnen Alvar Aalto, der stets seine Verbundenheit mit den „kleinen Leuten" zeigte. Seine Villa Mairea kann als eines der ersten „Ökohäuser" Europas betrachtet werden.

Abb. 1b – Taliesin in Spring Green, Wisconsin (USA) von Frank Lloyd Wright
Foto: Dominique Gauzin-Müller

Natursteinwände, Holzfassadenelemente und begrünte Dächer treffen dort auf Merkmale der Moderne wie weiß gestrichene Betonwände. – *Abb.* 2 Der Genius Loci wurde später von dem norwegischen Architekturkritiker Christian Norberg-Schulz in mehreren Büchern überzeugend demonstriert und immer mehr Architekten aus allen Kontinenten probierten den Spagat zwischen Tradition und Modernität. Jedes Werk des Norwegers Sverre Fehn oder des Australiers Glenn Murcutt ist derart von dem gebauten Erbe seiner Landeskultur inspiriert, gehört jedoch in seine Zeit und verzichtet weder auf neue Materialien noch auf innovative Techniken. Sogar die für das europäische Klima gedachte moderne Architektur wurde zum Beispiel in Brasilien von örtlichen Architekten den klimatischen Bedingungen ihres Landes gekonnt angepasst. In Afrika begann die Bewegung zur kontextbezogenen Architektur schon um 1940: dank des ägyptischen Architekten Hassan Fathy, des Vaters der Wiederbelebung der Adobebauweise. Mit einer wiedererweck-

Taliesin in Spring Green, Wisconsin (USA) von Frank Lloyd Wright – Foto: Dominique Gauzin-Müller

Villa Mairea in Noormarkku (Finnland) von Alvar Aalto – *Foto: Dominique Gauzin-Müller*

Abb. 2 – Die 1939 vom finnischen Architekten Alvar Aalto in Noormarkku (Finnland) errichtete Villa Mairea gehört zu den ersten „Ökohäusern" Europas.
Fotos: Dominique Gauzin-Müller

ten Gewölbetechnik aus Nubien für die Dächer und meistens im Selbstbau der künftigen Bewohner entstanden mehr als 150 Projekte für die arme Bevölkerung in Irak, Pakistan und Ägypten. Gourna, die bekannteste Siedlung, liegt im Tal der Könige. In einem Buch[2], das zur Bibel aller Lehmbauarchitekten wurde, hat Fathy nicht nur über die Entstehung dieser zwei Dörfer ausführlich berichtet, sondern auch das Scheitern dieses Projekts offengelegt. Dies hatte mehrere Gründe, darunter einen soziokulturellen: In dieser kolonialistischen Zeit stand der internationale Stil für Fortschritt und jede Betonkiste wurde zur Ikone der Modernität.

Der holistische Ansatz

Die „organische" Architektur von Frank Lloyd Wright beruht auf einem Ideal, dessen Lehre für ihn „so notwendig ist, wenn wir das Leben als Ganzes sehen und ihm in seiner Gesamtheit dienen wollen"[3]. Dieser holistische Ansatz, der sich auf Aristoteles[4] und Goethe

Abb. 3 – Die Wohnanlage Sandgrubenweg des Architekten Wolfgang Ritsch mit Hörburger, Kuess und Schweizer wurde von 2006 bis 2010 in Bregenz (Vorarlberg) gebaut und gehört zum Forschungsprogramm „Haus der Zukunft".
Foto: Dominique Gauzin-Müller

bezieht, gilt für alle Bereiche, wo nachhaltiges Denken und Handeln erforderlich sind: Zum Beispiel in der Medizin, wo Körper, Geist und Seele nicht zu trennen sind, und in der Landwirtschaft, wo man ressourcen- und naturschonende sowie gesundheitsfördernde Nahrungsmittel produzieren sollte.

Die integrale Planung, die sich in der angelsächsischen Welt seit ein paar Jahren verbreitet, ist die methodische Übertragung einer zu Beginn eher philosophischen Vorgehensweise auf das Bauwesen. Dieser interdisziplinäre, integrative und offene Prozess ist unsere einzige Chance, komplexer werdende Aufgaben zu bewältigen. Es geht um das Teilen von Wissen und die Vernetzung der immer zahlreicher werdenden Teilbereiche. Dabei werden von Architekten, Städte- und Landschaftsplanern sowie Ingenieuren aller Disziplinen nicht nur technische Kompetenzen gefragt, sondern auch die Bereitschaft, mit Soziologen, Ökonomen usw. in einem Team konstruktiv zusammenzuarbeiten, natürlich auch mit Bauherren und

Nutzern! Paradebeispiel einer integralen Planung ist die Wohnanlage Sandgrubenweg des Architekten Wolfgang Ritsch mit Hörburger, Kuess und Schweizer in Bregenz. – *Abb. 3* Dieses Pilotprojekt des österreichischen Programms „Haus der Zukunft" besteht aus 73 individuell gestalteten Wohnungen, zum Teil mit Passivhausstandard, in vier mit organischen Formen gestalteten Bauten. Die „Zukunftswerkstatt", die zum Konzept geführt hat, zählte an die 40 Teilnehmer, darunter Architekten, Ingenieure, Sozialarbeiter, Demografen, Verkehrsspezialisten …

Die Kunst, vernetzt zu denken

Der Umgang mit der heutigen Komplexität erfordert die „Kunst, vernetzt zu denken"[5] . Heute brauchen wir also mehr denn je beide Hälften unseres Gehirns: Die kreative und empathische rechte Hälfte soll

Abb. 4a, b – Als Ergebnis eines zehn Jahre langen partizipativen Prozesses ist das Gemeindezentrum mit Passivhausstandard von Hermann Kaufmann in Ludesch (Vorarlberg) rundum nachhaltig. – *Fotos: Dominique Gauzin-Müller*

Abb. 5a, b, c – Die 2003 fertiggestellte Hauptschule in Klaus (Vorarlberg)
vom Büro dietrich untertrifaller in Passivhausstandard
Fotos: Dominique Gauzin-Müller

dabei die analytische linke ergänzen. Der nötige Paradigmenwechsel, der zu einer nachhaltigen Gesellschaft führen wird, erfordert auch eine enge Zusammenarbeit zwischen Individuen, Institutionen und Unternehmen. Die Anlage Sandgrubenweg in Bregenz ist auch dafür ein überzeugendes Beispiel. Sie wurde von dem Unternehmer Hubert Rhomberg, Leiter der Firma Rhomberg Bau, initiiert, von einem engagierten Entwurfsteam entwickelt und vom österreichischen Ministerium für Verkehr, Innovation und Technologie durch das Forschungsprogramm „Haus der Zukunft" gefördert.

Das Gemeindezentrum der kleinen Stadt Ludesch in Vorarlberg, die ihrem Architekten Hermann Kaufmann 2007 die Nominierung zum ersten Global Award der nachhaltigen Architektur zu verdanken hat, ist ebenfalls ein Pilotprojekt des Programms „Haus der Zukunft". – *Abb. 4a, 4b* Als Ergebnis eines zehn Jahre langen partizipativen Prozesses ist dieser 2006 fertiggestellte Bau rundum nachhaltig:Aus Weißtanne der gemeindeeigenen Wälder gebaut, erreicht er dank einer dicken Hülle aus Schafwolle und Zellulose sowie ausgeklügelter Heiz- und Kühlinstallationen mit Trägern aus erneuerbaren Energien

Gemeindezentrum von Hermann Kaufmann in Ludesch (Vorarlberg)

Foto: Dominique Gauzin-Müller

Wohnanlage Sandgrubenweg von Wolfgang Ritsch mit Hörburger, Kuess und Schweizer in Bregenz (Vorarlberg) – *Foto: Dominique Gauzin-Müller*

die Ansprüche des Passivhausstandards ... und die 350 Quadratmeter Photovoltaikmodule über dem öffentlichen Platz produzieren jährlich 15.000 Kilowattstunden Strom!

Nachhaltige Architektur muss nicht immer teuer sein

Ein anderes überzeugendes Beispiel für eine ganzheitliche und nachhaltige Projektentwicklung aus Vorarlberg bietet neben der Wohnanlage Sandgrubenweg in Bregenz und dem Gemeindezentrum in Ludesch die schon 2003 gebaute Hauptschule in Klaus. – *Abb. 5a, 5b, 5c* Als erstes Schulgebäude Österreichs mit Passivhausstandard wurde sie mit einheimischer unbehandelter Weißtanne errichtet und verkleidet. Das Gebäude ist vom städtebaulichen Konzept bis ins Detail präzise durchdacht: großzügig im Raum, freundlich durch die hellen Flächen und das natürliche Licht sowie energetisch ausgeklügelt. Die Hülle aus vorgefertigten Holzrahmenelementen ist durchgehend luftdicht und besonders stark isoliert. Der Schultrakt ist über eine zentral kontrollierte Be- und Entlüftungsanlage geheizt, deren Rotationswärmetauscher rund 85 Prozent Rückwärmegewinnung über die Abluft bringt. Im Sommer wie im Winter wird die Frischluft zuerst *passiv* dank eines Erdwärmetauschers temperiert. So ist es nicht verwunderlich, dass die Lehrer die höhere Konzentrationsfähigkeit ihrer Schüler unterstreichen und auf die bessere Luftqualität zurückführen. Die Nutzer, groß und klein, sind stolz und zufrieden, ihren Schulalltag effektiver und nachhaltiger gestalten zu können. Und auch die energetische Bilanz mit 11,4 kWh/[m^2.a] – statt der nach Simulationen erwarteten Energiekennzahl[6] von 14,30 kWh/[m^2.a] – kann sich sehen lassen. Dank der engen Zusammenarbeit zwischen den Räten der drei Gemeinden, die das Haus gemeinsam errichtet haben, dem Schuldirektor, den Architekten, den Fachplanern und ausführenden Firmen lagen die Investitionen nur drei Prozent über dem Landesdurchschnitt für konventionellen massiven Schulbau[7]. Durch Senkung des Energiekonsums um rund 75 Prozent amortisierten sich diese Mehrkosten innerhalb kürzester Zeit. Wie es auch andere Vorarlberger Bauten beweisen, ist die Balance zwischen Lowtech und Hightech möglich und dieser Ansatz nicht nur ökologisch, sondern auch ökonomisch sinnvoll. Die drei oben beschriebenen Bauten wurden detailliert dokumentiert und tragen damit auf internationaler Ebene zur Verbreitung der nachhaltigen Architektur bei. Angesichts der zahlreichen Probleme, die wir in kürzester Zeit zu bewältigen haben, müssen in dieser Weise schlüssige Beispiele bekannt und Know-how geteilt werden: innerhalb der Industrieländer, weil es dort noch große Unterschiede gibt, aber auch zugunsten von Entwicklungs- und Schwellenländern. Dabei liegt es in unserer Verantwortung zu vermeiden, wie schon 1973 von Ivan Illich in seinem Buch „Tools for conviviality"[8] erwähnt, dass diese unsere Fehler reproduzieren. Es fängt damit an, dass wir letztere zugeben, versuchen, den angerichteten Schaden gut zu machen – sofern dies überhaupt möglich ist –, und konsequent und vorbildlich einen anderen Weg gehen.

More with less: nachhaltige Architektur in Entwicklungs- und Schwellenländern

In einer globalisierten Welt, die sich, dem Druck internationaler Konzerne folgend, an der Nutzung von Beton, Stahl und Hochtechnologie orientiert, probieren immer mehr Architekten, Neues zu erforschen. Geprägt sind deren Versuche von der Verwendung lokaler Baumaterialien und der Weiterentwicklung ansässiger Traditionen. Seit ein paar Jahren blüht eine neue Generation auf, die ihr Ego beiseite legt und ihre Verwirklichung unter dem Motto „More with less" findet. Regelmäßig unterstützt wird sie durch Nominierungen für den Aga-Khan-Preis oder den Global Award for Sustainable Architecture sowie Ausstellungen in bedeutenden Architekturgalerien und -museen der Welt. Das MoMA in New York präsentierte 2010 diese neue Architektur mit sozialem Engagement in „Small Scale, Big Change"[9]. In Rossinière

Abb. 6 – Die METI-Schule der deutschen Architektin Anna Heringer in Rudrapur (Bangladesch) bietet den Kindern Geborgenheit und natürliche Kühlung im Erdgeschoss aus Lehmbau sowie die Frische der Lüftung im Obergeschoss aus Bambus. – *Foto: Anna Heringer*

(Schweiz) zeigte 2010 die Ausstellung „Learning from vernacular"
Modelle traditioneller Architektur neben Beispielen dieser neuen,
dem Kontext angepassten Architektur.

Die Deutsche Anna Heringer, der Chilene Alejandro Aravena (Elemental), der Amerikaner Andrew Freer (Rural Studio), die Chinesen
Wang Shu und Li Xiaodong sowie Francis Kéré aus Burkina Faso
gehören zu dieser Gruppe junger Entwerfer, die mehr Nachhaltigkeit und Humanismus in die gebaute Umwelt einbringen und meistens auch bei der Realisierung ihrer Projekte selber mitmachen. Die
meisten von ihnen haben einen doppelten kulturellen Hintergrund:
Einige kommen aus südlichen Ländern und haben in Europa oder
Amerika studiert; andere wurden dort geboren, haben jedoch lange
Zeit im Süden gelebt. Alle betonen die Echtheit und die Schönheit
der ländlichen Architektur und zeigen die negativen Seiten der Verwendung von Baumaterialien und -techniken aus Industrieländern
auf: den hohen Anteil an Grauer Energie für Herstellung und Trans-
port, die Unangepasstheit von Betonsteinen für warmes Klima,
den Verlust an Identität. Ob mit Lehm, Holz, Beton oder recycelten
Materialien gebaut, die Werke dieser verantwortungsvollen jungen
Architekten erfüllen nicht nur ökologische und ökonomische Kriterien, sondern auch hohe soziale und künstlerische Ansprüche.

Die Kraft der Empathie

Anna Heringer vereinigt architektonische Intelligenz, Bescheiden-
heit und Empathie. Seit der METI-Schule[10] in Rudrapur (Bangladesch), ihrer Diplomarbeit an der Kunstuniversität Linz aus dem
Jahre 2006, hat sie nur wenig gebaut. Man kann jedoch schon von
einem Werk sprechen, und ihr Lob der Einfachheit ist eine Archi-
tekturlektion für alle Generationen. Sie baut „nicht nur FÜR das,
sondern auch MIT dem Volk". – *Abb. 6* Jedes ihrer Gebäude hat sie
von den ersten Skizzen bis zur letzten Lehmputzschicht mit ihrer
ansteckenden Energie und ihrer Fähigkeit, Leute zu begeistern, getragen. Anna Heringer ist weit entfernt von manchen europäischen

Abb. 7 – Die Mitarbeit am Bau der DESI-Schule hat das
Selbstwertgefühl der Frauen aus dem kleinen
bengalischen Dorf erhöht. – *Foto: Anna Heringer*

Architekten, die mit einer *romantischen*, unterschwellig postkoloni-
alen Vorstellung in die Entwicklungsländer reisen, um dort „gute
Architektur" zu verbreiten. Sie hat vor ihrem Studium ein Jahr lang
in Bangladesch gelebt, in dem Dorf, wo sie später mehrere Bauten
mithilfe der zukünftigen Nutzer, einiger Tagelöhner und mit Archi-
tekturstudenten aus Linz errichtet hat. Sie hat sich Zeit genommen,
um die Leute zu *zähmen*. Sie hat den Tagelöhnern sowie den Frau-
en, die sie mit dem Anbringen des Lehmputzes beauftragt hat, die
Chance geboten, eine Kompetenz zu erwerben und stolz auf ihre
Arbeit zu sein. Anna Heringer ist auch Architektin eines Pilotpro-
jekts für kostengünstiges ländliches Wohnen und von DESI, einem
Ausbildungszentrum für Elektriker. – *Abb. 7* Letzteres ist eine neue
Interpretation des traditionellen Wohnungsbaus, diesmal auf zwei
Etagen und wesentlich größer: im Erdgeschoss die Klassenräume
und Sanitärräume, darüber Büroräume und der Wohnbereich der
Lehrer. Dank Photovoltaikpaneelen auf dem Dach ist das Gebäu-

de stromautark. Die vorherrschenden Materialien bei den Bauten von Anna Heringer sind Lehm und Bambus. Die Klassenzimmer von METI und DESI bestehen aus einem massiven Erdgeschoss aus Wellerbau, das die Kühle der Masse bringt, und einem leichten Obergeschoss aus Bambus, der eine Querlüftung fördert. Die Wohn- und Büroräume sowie die Sanitärräume bestehen aus zweigeschossigen tragenden Lehmwänden, deren passive solare Nutzung und Querlüftung im Vorfeld genau kalkuliert wurden, um das Jahr über eine angenehme Temperatur zu gewährleisten[11].

Die Ästhetik der einfachen Materialien

In den Schulen DESI und METI wurden die einheimischen Materialien dank des gezielten Einsatzes weniger moderner Technologien aufgewertet. Diese wurden zum Teil zuerst in europäischen Labors erprobt, wie die Knotenverbindungen mit Eisendübeln[12], die aus mehreren Bambusstangen einen Balken bilden. Also Hightech in der Konzeption für Lowtech in der Materialverwendung! So entsteht ein sinnvoller Know-how-Transfer, der für alle Beteiligten gewinnbringend ist. Zu der Balance zwischen Lowtech und Hightech kommt auch eine Selbstverständlichkeit, die wahrscheinlich mit Proportionen und Angemessenheit in Bezug auf den Kontext zu erklären ist. Vielleicht ahnt man auch einfach die Liebe, die beim Entstehen der Bauten zu spüren war. Trotz Verwendung preiswerter, oft niedrig bewerteter Materialien entsteht eine Ästhetik, die universal geschätzt wird. Anna Heringer ist dies sehr bewusst: „Manche Kollegen glauben, dass sich Nachhaltigkeit und Schönheit widersprechen. Für mich jedoch ist Schönheit Nachhaltigkeit. Ich finde den Versuch spannend, Schönheit von innen heraus zu entwickeln und Gebäude zu schaffen, die ihr Umfeld nicht nur optisch positiv verändern … Schönheit ist kein Privileg für Reiche!" Das Haus, das Martin Rauch (Freund und Mentor von Anna Heringer) im Jahr 2009 in Schlins (Vorarlberg) errichtet hat, ist ein weiteres

Abb. 8a – Das 2009 aus Stampflehm gebaute dreigeschossige Haus von Martin
Rauch in Schlins (Vorarlberg) ist zum Manifest für Lehmbau geworden.
Foto: Dominique Gauzin-Müller

Manifest des modernen Lehmbaus. *Abb. 8a, 8b* Nach Jahrzehnten der künstlerischen Auseinandersetzung mit dem Material hat der gelernte Keramiker diese traditionsreiche Bauweise sowohl technisch ausgeklügelt als auch ästhetisch aufgewertet. Damit wurde Stampflehm in Europa *salonfähig*. Weiterhin ist diese ökologisch gesehene „afrikanische Lehmhütte mit europäischem Standard" ein Plädoyer gegen Vorurteile. Sie soll gleichzeitig den Menschen in Industrieländern beweisen, dass man mit Lehm eine moderne, behagliche Architektur gestalten kann, und der Bevölkerung von Entwicklungsländern zeigen, dass Lehm nicht der „Baustoff der armen Leute" ist, sondern auch in europäischen Villen ihren Platz finden kann[13].

Wie viel Hightech darf es sein?

Die Vertreter der Moderne haben probiert, die Probleme ihrer Zeit für eine industrialisierte Gesellschaft zu lösen. Heute, bei einer schnell wachsenden Weltbevölkerung, steigendem Komfortbedürfnis und immer knapper werdenden Ressourcen, hat die Baubranche neue Herausforderungen zu bewältigen. Auch wenn Hightech im städtischen Raum der Industrienationen weiterhin seinen Platz hat, liegt die Antwort auf unsere Probleme nicht ausschließlich im Bau teurer, technisch ausgeklügelter Stahlglaskisten. Wer kann ernsthaft glauben, dass die Wirtschaft unendlich wachsen kann, auf einem Planeten, der begrenzt ist und dessen Reserven an fossiler Energie, Metallen und benutzbarem Boden bald erschöpft sein werden? Die globale Lösung, die wir brauchen, fängt mit Zurückhaltung beim Energie-, Rohstoff- und Wasserverbrauch, aber auch mit angemessenen Entscheidungen bei der Wahl von Nahrungsmitteln, Wohnstandort und Verkehrsmitteln an. Statt auf Hochrüstung mit aufwändiger Technik zu setzen, kann man beim Errichten unserer Wohnungen, Arbeitsstätten und öffentlicher Bauten Materialverbrauch und CO_2-Emissionen mit Lowtechansatz dauerhaft reduzie-

Abb. 8b – Haus Rauch, Detail Stampflehmfassade
Foto: Dominique Gauzin-Müller

ren: durch an den Kontext angepasste Gebäudeausrichtung, richtige Proportion der Glasanteile, nächtliche Durchlüftung, Auswahl lokaler erneuerbarer Materialien usw. Der Erhalt, die energetische Verbesserung und die sinnvolle Nutzung alter Bausubstanz spielen auch eine wichtige Rolle. Es wird damit nicht nur jede Menge Grauer Energie gespart und altem Bestand neues Leben verliehen. Das Wiederentdecken alter Weisheiten in Bezug auf Materialien und Energie wird uns helfen, neue Lösungen zu finden und die Zukunft zu erfinden. Der österreichische Architekturkritiker Otto Kapfinger hat es treffend ausgedrückt: „Tradition ist das Weitertragen der Flamme, nicht die Verehrung der Asche."[14]

Vorarlberg – ein soziales, ökologisches, ökonomisches und kulturelles Modell

Der Gewinn für die Gesellschaft in einer Region, die sich entschlossen hat, nachhaltig zu werden, kann am Beispiel von Vorarlberg[15] beobachtet werden. Die energiesparende Holzarchitektur dieses kleinen, lange arm gewesenen und heute wirtschaftlich erfolgreichen österreichischen Landes ist seit langem international bekannt. In Sachen Nachhaltigkeit hat es jedoch noch viel mehr zu bieten. Es produziert so viel Strom, wie es braucht. Einige seiner Kommunen sind energieautark dank der Verknüpfung von Wasserkraft, Sonnenkollektoren, Erdwärme und Biomasse. Seine Holzprodukte, Stahlbeschläge und Lüftungsgeräte sind international geschätzt, seine Handwerker seit dem 18. Jahrhundert berühmt. Sein öffentliches Verkehrsnetz ist bis in die kleinsten Bergdörfer verbreitet. Seine Lebensmittelläden verkaufen „Ländleprodukte" von den vielen lokalen Biobauern. Schrittmacher dieser konsequenten und deswegen erfolgreichen Wandlung des Landes in Richtung Nachhaltigkeit wurde die Architektur, dank der Bewegung der Vorarlberger Baukünstler in den 1980er Jahren. Jetzt zieht das Land Jahr für Jahr an die 30.000 Akteure des Bauens aus der ganzen Welt an. Worin liegt das Erfolgsrezept?

Neben vielen historischen, politischen, ökonomischen und soziokulturellen Gründen ist es mit der Einstellung der dortigen Architekten zu erklären. Obwohl ihre Bauten weltweit veröffentlicht werden, pflegen sie keine Staralüren. Sie sehen sich vordergründig als Dienstleister, haben die Bedürfnisse ihrer Bauherren erfasst und sind um deren individuelle Wünsche bemüht. Vorarlberg ist nicht nur die nachhaltigste Region der Europäischen Union. Es hat auch das größte Sozialkapital.[16]

Heute stehen nicht nur ausgeklügelte Technologien, sondern auch viele Kenntnisse über eine moderne Verwendung lokal beziehbarer, erneuerbarer Baustoffe zur Verfügung. Es fehlt nur der Wille, herkömmliche verschwenderische Praktiken infrage zu stellen und neue nachhaltigere konsequent durchzusetzen. Es geht um eine Gratwanderung in der Mentalität und im Verhalten. Das Wesentliche liegt im Menschlichen, nicht im Technischen.

Anmerkungen

[1] *Dieser von Gro Harlem Brundtland verfasste UNO-Bericht diente als Vorbereitung zum Weltgipfel, der 1992 in Rio de Janeiro stattgefunden hat.*

[2] *„Gourna, a Tale of Two Villages", Kairo 1969.*

[3] *Wright, Frank Lloyd: „An Organic Architecture", 1970.*

[4] *„Das Ganze ist mehr als die Summe der Teile."*

[5] *Vester, Frederic: „Die Kunst, vernetzt zu denken. Ideen und Werkzeuge für einen neuen Umgang mit Komplexität. Ein Bericht an den Club of Rome", München 1999.*

[6] *Heizwärmebedarf gemäß Passivhaus-Projektierungs-Paket (PHPP).*

[7] *Laut dem Büro für Kostenmanagement Josef Mahlknecht betrugen die Gesamtkosten (1 bis 9 gemäß ÖNORM B 1801-1: Bauwerk, Einrichtung, Außenanlagen, Honorare und Nebenkosten) 8,3 Millionen Euro netto für 5.264 m² Bruttogrundrissfläche, das heißt 1.577 €/m².*

[8] *in Deutsch: Illich, Ivan: „Selbstbegrenzung. Eine politische Kritik der Technik", Hamburg 1975.*

[9] *Titel einer Ausstellung im MoMA in New York und des dazugehörigen Katalogs.*

[10] *In Partnerschaft mit Eike Roswag für die technische Bearbeitung.*

[11] *Energieberatung: Oskar Pankratz.*

[12] *Diese Verbindung wurde von Emmanuel Heringer (Korbflechter und Zimmermann) entwickelt und an der TU Berlin mit Dr. Christof Ziegert geprüft.*

[13] *Von den soziokulturellen Zielen der Bauherren und Planer des Hauses bis hin zum kleinsten technischen Detail wurde alles in einem Buch dokumentiert, das inhaltlich wie gestalterisch hervorragend ist: Kapfinger, Otto/Simon, Axel (Hg.): „Haus Rauch – Ein Modell moderner Lehmarchitektur", Basel 2011.*

[14] *Kapfinger, Otto: „Konstruktive Provokation – Neues Bauen in Vorarlberg", Salzburg 2003.*

[15] *Gauzin-Müller, Dominique: „Ökologische Architektur in Vorarlberg: Ein soziales, ökonomisches und kulturelles Modell", Wien/New York 2011.*

[16] *Berndt, Edwin: „Sozialkapital. Gesellschaft und Gemeinsinn in Vorarlberg", Land Vorarlberg 2003.*

Gewissheit der Ungewissheit

von Matthias Böttger und Ludwig Engel

Bilderserie: „Phantastic Dystopia" - Impressionen aus Dhaka, Bangladesh
Fotos: Matthias Böttger

Mithilfe der verfügbaren natürlichen Ressourcen unseres Planeten haben die frühindustrialisierten Länder eine „phänomenale Zivilisationsmaschine" erschaffen, wie es der Sozialpsychologe Harald Welzer nennt. Eine Maschine, die mit fossiler Energie Fahrt aufnahm und bis heute in Gang gehalten wird und große Fortschritte in Wissenschaft und Technologie, Ernährung und Medizin, Sozialstaat, Sicherheit und Bildung hervorgebracht hat. Aber so, wie die Polis der Antike mit all ihren intellektuellen und architektonischen Errungenschaften nur mit Sklavenarbeit erhalten werden konnte, basierte das ökonomische Modell der global few auf der Möglichkeit einer räumlichen Externalisierung. Nur dieses geografische Außen ermöglichte es, die benötigten Ressourcen für den „Weltinnenraum des Kapitals" zu liefern, wie der Philosoph Peter Sloterdijk dieses Ungleichgewicht in seiner Beschreibung der von Europa ausgehenden Globalisierung formuliert.

Der Wendepunkt kam mit der Globalisierung der Kapital- und Informationsströme: Die Welt besaß nun kein irdisches Außen mehr. Kein Außen, aus dem die dringend notwendigen Ressourcen hätten bezogen werden können. Deshalb verschärfte sich der internationale Wettbewerb um natürliche Ressourcen und Transportwege und die Ausbeutung unseres Planeten verlagerte sich vom Raum in die Zeit. Die rücksichtslose Ausbeutung unseres Planeten macht seine zukünftigen Bewohner und nicht uns zu den Opfern dieser Entwicklung. Heute konsumiert die Gegenwart die Zukunft.

„Wir betrachten die Gegenwart durch den Rückspiegel und marschieren rückwärts in die Zukunft." Anstatt als McLuhan'scher Rückspiegelfahrer durch lineare Projektionen der Vergangenheit die Zukunft zu antizipieren, wollen wir unser Verständnis der gegenwärtigen globalen Dynamiken schärfen, indem wir uns an der Frage versuchen, die wir im Futur II an uns selbst richten können: „Was werden wir in Zukunft versucht und erreicht haben wollen?" Hierfür müssen wir zwischen der Zukunft und unseren Zukunftserwartungen – unseren

Utopien – unterscheiden. Denn es gibt nie eine Zukunft, sondern viele mögliche Zukünfte, es gibt nicht eine Utopie, sondern unendlich viele verschiedene Utopien in verschiedenen Zukünften nebeneinander.

Von Zukünften und Utopien

Aus dem unerschöpflichen Repertoire an Zukünften wird eine kurz zur Gegenwart, um augenblicklich Vergangenheit zu werden, ganz ohne unser Zutun. Irgendeine Zukunft wird immer kommen. Sie liegt vor uns, egal in welche Richtung wir uns bewegen, welchen Pfad wir einschlagen. Eine Utopie dagegen ist immer eine Vorstellung dessen, was am Ende eines dieser möglichen Pfade liegen könnte. Schon in dieser verkürzten Definition der zwei Begriffe können wir das Paradoxon von Zukünften und Utopien erkennen: Sie sind grundlegend verschieden und doch untrennbar miteinander verbunden. So bilden Zukünfte den Möglichkeitsraum, in dem Utopien als hypothetische Zielpunkte geschaffen werden.

Auch in diesem Zusammenspiel erfolgte eine Verlagerung vom Raum in die Zeit. Anfangs bedienten sich Utopien in ihren Narrationen der

Möglichkeit der geografischen Externalisierung. Solange die Erde noch nicht vollständig *entdeckt* war, existierte die Hoffnung auf ein besseres Leben am anderen Ende der Welt. Mit der abgeschlossenen „terrestrischen Globalisierung", wie Sloterdijk die komplette Kartografierung unseres Globus nennt, erlosch die Option eines räumlichen Eskapismus. Der französische Schriftsteller Louis-Sébastien Mercier nutzte in seinem Roman *L'An 2440, rêve s'il en fut jamais* von 1771 als erster die Zukunft als „Möglichkeitsraum" für die Utopie. Anstatt sich an einen weit entfernten Ort zu träumen, blieb Mercier in Paris und verlagerte die bessere Welt in eine ferne Zukunft des Jahres 2440. Wie der Historiker Reinhart Kosselleck feststellt, schuf Mercier mit der Verlagerung der Utopie in die Zukunft einen „Entlastungsraum, in den die Phantasie, wie die Zeit unendlich reproduzierbar, hineinfließen konnte."

Im geschichtlichen Verlauf verlagerte sich das utopische Moment zwar vom Raum in die Zeit, Utopien bleiben aber weiterhin „weit weg". Utopien sind nie einfache Visionen, die praktische Lösungen für aktuelle Problemstellungen anbieten. Die menschliche Faszination für Utopien liegt in der Möglichkeit, das Undenkbare zu denken; im Erschaffen von Gesellschaften, Staaten und Städten, wie man sie nicht kennt. Utopien beschreiben als Nicht-Orte, was wir nicht haben, was wir höchstwahrscheinlich nie haben werden, aber was trotzdem in unserer Vorstellung existiert.

Geradeaus nach Utopia?

Diese subjektive Perspektive der Utopie auf die Welt ermöglicht die Flucht an einen Ort der Hoffnung, in eine absichtlich vage gehaltene Idealwelt, die sich gegen die Überkomplexität unserer Umwelt stellt. Utopien funktionieren folglich als Formen von Flucht und Wandel. Utopien sollten nie als einfache Lösungen für Probleme verstanden werden, sondern als Türöffner für anders undenkbare Zukünfte. Oft wurden Utopien leider als Handlungsanweisungen für ein besseres „zukünftiges Selbst" verstanden und die falsche Schlussfolgerung gezogen, dass die Utopie die einzig wahre und auch „bessere" Zukunft beschreibt und nicht nur eine Option. Die Enttäuschung ist immer groß, wenn es anders kommt, als von den Utopien versprochen. Gefährlich wird es, wenn Befürworter einer spezifischen Utopie mit allen Mitteln eine gerade Linie von der Gegenwart in diese Zukunft ziehen wollen. Die Geschichte hat gezeigt, welche schrecklichen Folgen das haben kann.

Mit dem Mauerfall 1989 und dem Zusammenbruch der meisten sozialistischen Staatssysteme wurde der Kapitalismus kurzzeitig alternativ- und Utopien witzlos. Zu Beginn des dritten Jahrtausends zwischen Sorge vor einem ökologischen Totalkollaps und einer Weltwirtschaftskrise ist das utopische Denken und Entwerfen zurückgekehrt. Heute scheint es wieder notwendig, den Möglichkeitsraum für verschiedene und hoffnungsvolle Zukünfte zu öffnen. Wieder und wieder, ohne aufzugeben. Aber dabei sollte nie vergessen werden, dass der Pfad in die Zukunft niemals gerade sein wird.

Auf dem Weg zur Nachhaltigkeit

Energieversorgung
heute und morgen

von Prof. Dr.-Ing. Hermann-Josef Wagner

D **ie Fakten**
Die Weltbevölkerung wächst kontinuierlich: 7 Milliarden Menschen wurden 2012 auf der Erde gezählt. Rund 20 Prozent der Menschen in den Industrieländern verbrauchen 50 Prozent der Weltprimärenergie. Die Bevölkerung wächst aber in erster Linie in den Entwicklungs- und Schwellenländern und weniger in den Industrieländern. In Deutschland leben 1,3 Prozent der Weltbevölkerung. Sie nehmen knapp 3 Prozent des weltweiten Primärenergieverbrauchs für sich in Anspruch. Die Nutzung von Kohle, Öl und Gas, die 80 Prozent des Energieverbrauchs heute decken, ist mit der Emission von Luftschadstoffen und des Klimagases Kohlendioxid (CO_2) verbunden. Die Kohlenwasserstoffe, Erdöl und Erdgas werden weltweit in einem viel größeren Maße verbraucht, als es

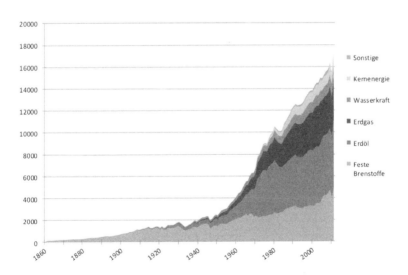

Abb. 1 – Entwicklung des weltweiten Primärenergieverbrauchs von 1860 bis 2010 nach Energieträgern unterteilt, 17 Milliarden Tonnen SKE (Steinkohleeinheit) entsprechen etwa 550 Exajoule (Exa = 1 Trillion). Die Aufteilung des Weltenergieverbrauchs nach Ländern im Jahre 2010 ist *Tabelle 1* zu entnehmen.
[1 EJ~ 34,1 Millionen Tonnen SKE]

USA	19 %
EU – 27	15 %
davon Deutschland	3 %
China	20 %
Indien	4 %
Japan	4 %
Afrikanische Länder	3 %

Tab. 1 – Anteil ausgewählter Länder und Ländergruppen am Weltenergieverbrauch im Jahre 2010

ihrem Anteil an den Energiereserven entspricht. *Abbildung 1* zeigt die weltweite Entwicklung des Primärenergieverbrauchs. Er ist aufgetragen in der immer noch in der Energiewirtschaft verwendeten Einheit „Millionen Tonnen Steinkohleeinheit" (Mio. t SKE).

Abbildung 2 enthält die Zahlen für Deutschland. Erdöl besitzt die höchste energetische Dichte von allen Energieträgern, es ist gut lagerbar und einfach zu handhaben. Deshalb basieren 80 Prozent der Mobilität weltweit auf Erdöl. In vielen Ländern dient es auch zur Stromerzeugung. Erdgas ist als leitungsgebundener Energieträger genau wie Strom kapitalintensiv. Dafür verbrennt es mit geringen Luftschadstoffen und gegenüber den anderen fossilen Energieträgern mit einer geringeren CO_2-Emission. Die Nutzung der Kernenergie setzt einen hohen Sicherheitsstandard und die Möglichkeit, kapitalintensive Energietechniken zu finanzieren, voraus. Sie ist deshalb in erster Linie eine Technik für Industrieländer, die aber aus Risiko- und Akzeptanzgründen diese Option nur noch begrenzt wahrnehmen werden.

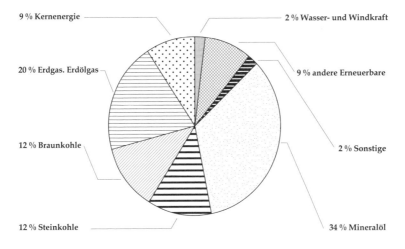

9 % Kernenergie

2 % Wasser- und Windkraft

20 % Erdgas. Erdölgas

9 % andere Erneuerbare

12 % Braunkohle

2 % Sonstige

12 % Steinkohle

34 % Mineralöl

Abb. 2 – Deutscher Primärenergieverbrauch im Jahre 2011 nach Energieträgern unterteilt. Er betrug 13,4 Mrd. EJ (entsprechend 460 Mio. t SKE).

Energie ist eine Handelsware. Der Preis der einzelnen Energieträger bestimmt sich durch Angebot und Nachfrage unter Berücksichtigung der Qualitätskriterien der Energieträger. Die Folge ist ein erheblicher Anstieg der Öl- und Erdgaspreise. Wegen begrenzter Devisen zum Energieeinkauf bedeutet das für die Entwicklungsländer eine Abnahme ihrer Ölimporte oder anderer Importe und damit schlechtere Möglichkeiten, einen angemessenen Lebensstandard zu erarbeiten. Die Energiepreise durch eine gedämpfte Nachfrage (Energieeinsparen) niedrig zu halten, ist deshalb eine moralisch gebotene Aufgabe der Industrieländer.

Erneuerbare Energien als Hoffnungsträger
Die Potenziale der erneuerbaren Energien sind weltweit bei Weitem noch nicht ausgeschöpft. Die *Tabellen 2* und *3* zeigen den Stand der Nutzung der Windenergie und der Photovoltaik. Zu ihrer Markt-

einführung müssen aber zwei nennenswerte Hürden überwunden werden. Die eine besteht darin, dass die von der Sonne angebotene Energie gemessen an technischen Maßstäben in kleinen Energiedichten anfällt. Sie muss deshalb über große Flächen „gesammelt" werden. Das erfordert höhere Investitionen als für die Nutzung fossiler Energieträger. Die zweite Schwierigkeit besteht darin, dass

Ende 2011	Gesamtkapazität in Gigawatt [GW]	Anteil an weltweit installierter Leistung [%]
China	63	26
USA	47	20
Deutschland	29	12
Spanien	22	9
Indien	16	7
Italien	7	3
Frankreich	7	3
Großbritannien	7	3
Kanada	5	2
Portugal	4	2
Restliche Welt	32	13
Gesamt	239	100

Tab. 2 – Windenergienutzung weltweit Ende des Jahres 2011 (Werte gerundet)

[GW = Gigawatt]

	Neu installiert in 2011 [GWp]	Insgesamt Ende 2011 [GWp]
Welt	28	67
Deutschland	8	25

Tab. 3 – Installierte Photovoltaikleistung im Jahre 2011 (Werte gerundet)

[GWp = Gigawatt peak]

Sonnen- und Windenergie nur fluktuierend anfallen. Sie sind zudem schwer speicherbar, da weder saisonale Wärmespeicher ausreichender Qualität noch Speicher für elektrische Energie für große Mengen technisch und wirtschaftlich zur Verfügung stehen. Die Frage der Speicherung ist eine zentrale Frage der zukünftigen Energieversorgung. Ohne ausreichende Speichermöglichkeiten ersetzen Sonnen- und Windenergie fossile oder auch nukleare Energieträger nur zum Teil. Konventionelle Kraftwerks- oder Wärmeerzeugungsanlagen werden noch benötigt für die Zeiten, in denen das Wind- und Sonnenangebot klein ist. Wasserkraft ist an größeren Flüssen kontinuierlich vorhanden, Biomasse ist speicherbar. Beide Energieträger haben deshalb seit Langem Eingang in die bestehende weltweite Energieversorgung gefunden.

Zukünftig weniger Energie verbrauchen

Ein zentraler Baustein der zukünftigen Ausrichtung der Energieversorgung besteht darin, möglichst wenig Energie zu nutzen. Hierbei muss zwischen der Einsparung in Form von weniger Energievebrauch durch die Menschen und der Einsparung durch technischen Fortschritt unterschieden werden. Verhaltensbedingte Einsparpotenziale sind in den Industrieländern vorhanden. Ihre Größenordnung liegt im Bereich von 10 bis 15 Prozent. Sie können direkt erschlossen werden. Man muss es nur wollen. Technisch bedingte Einsparpotenziale lassen sich dagegen nur über technischen Fortschritt und innovative Ideen verwirklichen.

Die Energietechnik unterliegt seit Jahrzehnten einem kontinuierlichen Prozess hin zu höherer Energieeffizienz. Alleine in den letzten 40 Jahren haben Kraftwerke die benötigte Kohlemenge zur Erzeugung einer Kilowattstunde Strom halbiert. Weitere Potenziale sind noch unerschlossen. Ein modernes Steinkohlekraftwerk in Deutschland hat zum Beispiel einen Wirkungsgrad von 44 Prozent, während der weltweite Durchschnitt bei nur 32 Prozent liegt.

Große, noch nicht erschlossene Einsparpotenziale sind in der Beheizung von Gebäuden vorhanden. In Deutschland werden 16 Prozent des gesamten Primärenergieverbrauchs für Heizzwecke verwendet. Die nachträgliche zusätzliche Wärmedämmung und energetische Sanierung der Gebäude kann in den Industrieländern auf lange Sicht den Energieeinsatz zur Beheizung wenigstens halbieren. Neue Gebäude lassen sich bei vertretbaren Kosten heute bereits im sogenannten „3-Liter-Standard" ausführen. Das bedeutet, dass pro Quadratmeter Wohnfläche und Jahr das Energieäquivalent von nur 3 Litern Erdöl (oder 3 Kubikmetern Erdgas) benötigt wird. Auch die elektrischen Geräte sind wesentlich sparsamer geworden, ebenso die Motoren in den Kraftfahrzeugen.

Dem gegenüber steht eine Ausweitung der Nachfrage nach Energie durch die Verbraucher, nicht nur in den Entwicklungs- und Schwellenländern, sondern auch in den Industrieländern. In Deutschland steigt zum Beispiel die zu beheizende Wohnfläche pro Kopf kontinuierlich an, die Anzahl der elektrischen Geräte nimmt zu und es werden mehr Kilometer gefahren oder geflogen. Dieses Verhalten hat in den letzten Jahren technisch erzielte Einsparungen kompensiert. Trotz aller Bemühungen mit Energie rationell umzugehen, wird der weltweite Primärenergieverbrauch wegen der zunehmenden Nachfrage aus den Schwellenländern Asiens und Südamerikas zumindest in den nächsten zwei Jahrzehnten weiter ansteigen. Der notwendige sparsame Umgang mit Energie dämpft diesen Anstieg aber.

Billige Energie geht zu Ende

Die bisherige weltweite Energieversorgung beruht im Wesentlichen auf Energieträgern, die ausgedrückt in Ölpreisen unter 30 Dollar pro Barrel, also etwa 20 Cent pro Liter Rohöl, gewonnen werden. Neu zu erschließende Ölvorkommen sind jedoch wesentlich teurer. Hinzu kommen weitere Kosten für die Transporte und die Verarbeitung in der Raffinerie. Das Produkt wird damit von den Kosten her für unter 30 Cent pro Liter für den Verbraucher hergestellt. Die Preise lagen im Frühjahr des Jahres 2012 bei einem Rohölpreis von gut 100 Dollar pro Barrel, ohne alle staatlichen Aufschläge, bei etwa 75 Cent pro Liter. Unter diesen Konditionen hat die Welt bisher die Vorräte an Energie genutzt.

Zu den Reserven kommen die Energieträger hinzu, die man als Ressourcen bezeichnet. Sie können entweder nur zu wesentlich höheren Kosten als die gängigen Marktpreise gefördert werden, zum Beispiel gehörte Öl aus Ölsanden lange zu den Ressourcen, oder aber ihre Förderung ist – wie beispielsweise bei den Gashydraten – technisch noch nicht möglich. Steigt der Preis und werden weitere technische Möglichkeiten zur Förderung entwickelt, werden Ressourcen zu Reserven. Sicher ist, dass auch die Ressourcen eines Tages erschöpft sein werden.

Die Aussage der Überlegungen ist daher die, dass die Förderkosten und damit die Marktpreise für die Energieträger zukünftig teurer werden.

Die Zukunft angehen

Wie sieht nun das Bild einer zukünftigen, nachhaltigeren Energieversorgung für die nächsten 20 bis 40 Jahre aus? Anteile an der zukünftigen Energieversorgung werden nach wie vor die Energieträger Kohle, Öl und Erdgas haben. Sie werden in manchen Ländern um die Kernenergie ergänzt werden. In vielen Ländern werden erneuerbare Energien zunehmend Schritt um Schritt in die Energieversorgung eingeführt werden und insbesondere an der Stromerzeugung beteiligt sein. Das weitere längerfristige Ansteigen der Energiepreise wird Energieeinsparen fördern und die Energieeffizienz der Geräte weiter erhöhen.

Technisch gesehen steht eine Vielzahl von Optionen zur Verfügung, die in die zukünftige Energieversorgung eingebunden werden können. Brennstoffzellen beispielsweise können dezentral Strom und Wärme erzeugen, Wasserstoff kann über Wasserspaltung mit Hilfe von Strom aus erneuerbaren Energien gewonnen und gespeichert werden. Deutschland setzt in seinem im vergangenen Jahr vorgelegten Energiekonzept auf einen weitgehenden Ausbau der erneuerbaren Energien in der Stromerzeugung. – *Abb. 3* Sie sollen auch Elektrizität für Elektrofahrzeuge liefern. Der Anteil der Kernenergie wird nach den Plänen dagegen bis etwa zum Jahr 2020 auf Null zurückgefahren.

Etwa die Hälfte des deutschen Stromverbrauchs kann direkt von fluktuierenden Energien wie Wind und Sonne in das Netz eingespeist werden. Darüber hinaus soll ein Stromtransport aus solarthermischen Kraftwerken im Mittelmeerraum und aus Wasserkraftwerken in Norwegen erfolgen. Die restlichen 20 Prozent des für das Jahr 2050 angenommenen Stromverbrauchs werden dann wie bisher konventionell aus fossilen Energieträgern gedeckt. Energieeffizienz ist ein wichtiger Baustein der zukünftigen nachhaltigen deutschen

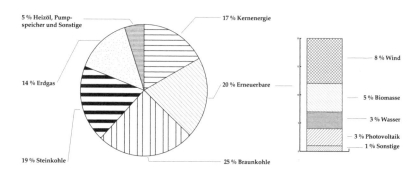

Abb. 3 – Stromerzeugung in Deutschland
(Werte gerundet; Erhebung: BDEW, AG Energiebilanzen)

Energieversorgung. Dazu zählen energieeffiziente Produktionsprozesse, erhebliche Wärmedämmung von Gebäuden – weit über das mit derzeitigen Energiepreisen wirtschaftlich realisierbare Maß hinaus. Im Bereich der Mobilität wird zudem auf verstärkten Einsatz von Biotreibstoffen gesetzt.

Deutschland ist mit seinem Energiekonzept hinsichtlich des angestrebten Nachhaltigkeitsziels vorbildhaft. Das Konzept wird sich aber nicht von alleine umsetzen. Es bedarf permanenter Anstrengungen, Anreizprogramme und Veränderungen im Energiesystem und im Verbraucherverhalten, um derartige Ziele zu erreichen. Dabei bringt Deutschland aber gute Voraussetzungen mit. Das Bewusstsein der Bevölkerung hinsichtlich Energieeinsparen und nachhaltiger Energieversorgung ist hoch, die deutsche Industrie ist weltweit eine der führendsten im Bereich der gesamten Energietechnik und es steht ausreichend Kapital zum Finanzieren der Investitionen zur Verfügung, wenn die entsprechenden politischen Rahmenbedingungen gegeben sind.

2

STRATEGIEN

FÜR
STADTRÄUME

Sustainable by Urban Design

von Prof. Joachim Schultz-Granberg

Abb. 1 – Siedlung Schlesienstraße 1965 – Foto: Hans Eick

Verschiedene Regelwerke zur Nachhaltigkeit formulieren Prinzipien zur Optimierung der Energiebilanz von Gebäuden. Eine überschaubare Anzahl zertifizierter Bauwerke wird in Fachpublikationen als zukunftsweisend gepriesen. Technologisch aufgerüstete Gebäude punkten mit numerischer Präzision auf dieser oder jener Bewertungsskala und künden oft vom vermeintlichen Sieg der Technik, während das Gros der entstehenden Häuser unseren ökologischen Fußabdruck dennoch kontinuierlich vergrößert.

Die Diskussion um den ökologischen Standard einzelner Häuser droht redundant zu werden, wenn in Deutschland weiterhin pro Tag scheinbar wahllos etwa 130 Hektar Siedlungs- und Infrastrukturfläche ausgewiesen werden. Hier stellt sich die Frage nach der Nachhaltigkeit von Stadt- und Siedlungsstrukturen unabhängig von der Performance der Architektur. Welche Abhängigkeiten gibt es? Ist nachhaltige Stadt messbar; sind Stadtteile vergleichbar, wenn man einen konkreten Standard für die Gebäude voraussetzt? Welche Rolle können Freiräume, Brachen oder die urbane Landwirtschaft spielen? Welche politischen Regelungen unterstützen die Suche nach besseren nachhaltige Bilanzen?

Die gängige Siedlungs- und Baupraxis stellt sich in diesem Kontext als nicht zufriedenstellend dar und folgt dem immer noch vorherrschenden Prinzip der extensiven Ausbeutung von landschaftlichen Ressourcen. „Weitermachen wie bisher" wäre eine Aufforderung zur Resignation. Daher sind insbesondere Hochschulen gefragt, Strategien und Denkanstöße zu liefern. Sustainable by Urban Design stellt die Frage nach dem konkreten Beitrag des Städtebaus zur Nachhaltigkeitsdiskussion und weist auf drei Fallstudien hin, die in Forschungs- und Entwurfsprojekten am Department Städtebau der msa | münster school of architecture untersucht wurden.

Qualifizierte Dichte

Mit steigender Bebauungsdichte bis etwa zum Wert von 75 Personen je Hektar nimmt der Ölverbrauch pro Einwohner rasant ab. Noch dichtere Strukturen senken den Verbrauch nur unwesentlich. Damit repräsentiert beispielsweise eine durchschnittliche europäische Großstadt den kritischen und anzustrebenden Punkt minimaler Personendichte. Nordamerikanische und australische Städte liegen vergleichsweise dazu mit Werten von unter 50 Personen je Hektar beim drei- oder vierfachen Ölverbrauch pro Kopf und Jahr. Städtische Dichte gehört zu den wesentlichen und auch messbaren Faktoren für ressourcenschonende Stadtstrukturen. Der hier angeführte minimale Wert von 75 Personen je Hektar wird nach oben begrenzt durch die individuell zu definierende Verträglichkeit, zum Beispiel Belichtung, Grad der Privatheit, Angebot an Freiräumen, Typologien, Raumgrößen etc. Daher muss es Ziel sein, das Leben in den Städten zu kultivieren und im gleichen Zuge Lebensqualität zu sichern. Ein konkreter Idealwert hinsichtlich Dichte ist nicht zu beziffern, da Verträglichkeit und Aufenthaltsqualität vom jeweiligen Ort und sozialen Gewohnheiten abhängen sowie räumlich auf unterschiedliche Weise gestaltet werden können.

Fallstudie 1: Low Rise – High Density: Ausgehend vom jüngsten Baudenkmal in Münster soll der Blick auf eine bisher kaum wahrgenommene, aber erstaunlich flexible Typologie gelenkt werden. Die Siedlung Schlesienstraße wurde von den Architekten Ortwin Rave und Max von Hausen in den Jahren von 1963–1965 errichtet. Zur Siedlung gehören 36 flach gedeckte Gartenhofhäuser und ein viergeschossiges Mehrfamilienhaus. „Die verschachtelt angeordneten Bungalows und die schmal bemessenen Freiflächen ermöglichten auf engem Raum den Traum vom Eigenheim. Wie in einer mittelalterlichen Stadt stehen die Häuser eng beieinander. Die für Fußgänger und Autos einheitlich gepflasterten Wege öffnen sich an einigen Stellen zu kleinen Plätzen."[1] Die Gartenhöfe sind von Wänden umschlossen und ermöglichen den Rückzug ins Private. Hier trifft sich auf überzeugende Weise städtische Dichte mit individueller Wohnqualität. – *Abb.* 2 In dem Projekt Schlesienstraße wurde diese Siedlung auf Verdichtungspotenziale untersucht, ohne die räumlichen Qualitäten grundsätzlich infrage zu stellen. In diesem Projekt wurde nachgewiesen, dass Dichten über 75 Einwohner pro Hektar erreicht werden können. Zusätzliches Qualitätsmerkmal dieser eher introvertierten Typologie sind anbaubare Brandwände, die ein nahtloses Integrieren in bestehende Stadtstrukturen ermöglichen. Die Siedlung Schlesienstraße zeigt exemplarisch, dass die Typologie des „Low Rise – High Density"[2] zukunftsfähige Merkmale aufweist. – *Abb. 1, Abb.* 2

Stadt und Klima

Die erstarkende Disziplin der Klimatologie hebt den Zusammenhang von Baustruktur und Klima hervor. In nur 100 Jahren wird es alle sechs Jahre den heute bekannten „Jahrhundertsommer" geben, der auch in gemäßigten Breiten zunehmend die Überhitzung unserer Städte zur Folge hat. Hinzu kommen Aspekte der Luftreinheit (zum Beispiel Feinstaub, Stickoxide), die nur bei ausreichender Durchströmung der städtischen Strukturen beeinflussbar sind.

Architektur wird bisher meist als Gegenspieler zum Klima definiert, das oftmals eine physische, aber auch psychologische Bedrohung darstellt. Architektur als Schutz vor Regen, gegen Hitze und Wind. Eine alternative Sichtweise kann jedoch die Bedeutung und Wichtigkeit des Klimas für die Architektur aufzeigen. Klima ,lokalisiert' Architektur und macht sie vielschichtig, komplex und unvorhersehbar. Die Folgen der Klimaveränderungen sind weltweit deutlich spürbar: Polkappen schmelzen, der Meeresspiegel steigt und die Wüstenregionen der Erde werden zunehmend größer. Gleichzeitig zeichnet sich in der gegenwärtigen Debatte um nachhaltiges und

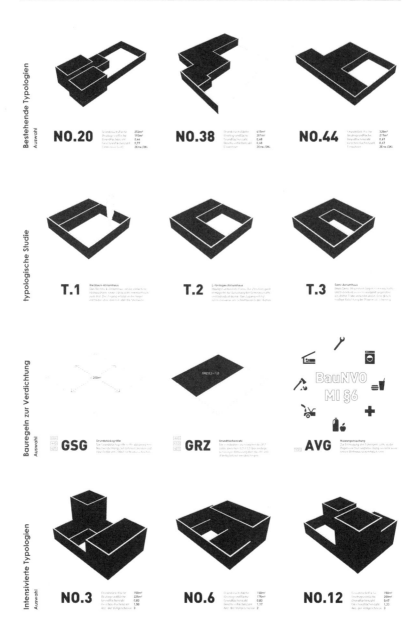

Abb. 2 – Schlesienstraße-Piktogramme – *Darstellung: Studio Rurban (msa | münster school of architecture): Nadeem Bajwa, Christian Kuhlen*

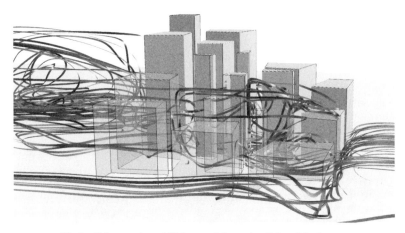

Abb. 3 – Volumetrik und Höhenstaffelung der Gebäudekubaturen beeinflussen den Weg des Luftstroms entweder durch oder über die Stadtstrukturen und regulieren damit die Durchlüftung der Freiräume zwischen den Bauten. *Darstellung: Labor für Strömungstechnik, Prof. H.-A. Jantzen, FH Münster für das Studio 51,9°N der msa | münster school of architecture*

energieeffizientes Bauen immer mehr ein globaler Wettstreit herausragender Hightechapplikationen ab. Im Zuge dieses weltweiten Energiesparwetteiferns stellt sich jedoch akut auch die Frage nach sinnvollen Alternativen, die eine Lösung weniger in einer technischen Entwicklung suchen, sondern vielmehr in der intelligenten Ausnutzung spezifischer, regionaler Gegebenheiten.

Fallstudie 2: Kontext Klima – Stadt und Wind: Im Studio 51.9°N (msa | münster school of architecture) wurden die Beziehungen und Wechselwirkungen von Wind und Stadt untersucht. Der gemeinsame Breitengrad von Münster (D) und Rotterdam (NL) ist der klimatische Kontext und war konzeptioneller Ausgangspunkt eines Entwurfs- und Forschungsprojektes. Ziel ist die Entwicklung von städtebaulichen und architektonischen Bebauungsformen und -strukturen aus der Logik des Klimas heraus, sowie das Aufzeigen von Prinzipien und gegenseitigen Abhängigkeiten der Wechselbeziehung von Wind, Stadt und Architektur. Der Umgang mit Wind erfordert einerseits ein präzises Vorgehen in der Anwendung von Strömungsprinzipien und andererseits eine behutsame Verwertung der Kenntnisse im Kontext der gebauten Umwelt. Sowohl die langfristige Unvorhersagbarkeit von Windstärke und -richtung als auch die begrenzte Planbarkeit strömungsrelevanter Details im Stadtraum erschweren die Konzeption von Stadtmustern. Diese folgen eindeutigen Prinzipien, jedoch sind deren Effekte, bedingt durch immanente zeitliche Dynamik, nicht mit letzter wissenschaftlicher Genauigkeit vorhersagbar. Dennoch gibt es klar beschreibbare Zusammenhänge hinsichtlich der Porosität und Durchlässigkeit von Stadtstrukturen, die einen nachweisbaren Einfluss auf Stadt-Umland-Windsysteme haben und die Konzentration von Feinstaub und Abgasen sowie sommerliche Kühlung und winterlichen Wärmeschutz beeinflussen. Erkenntnisse aus der Untersuchung idealisierter und einfacher Stadtmuster wurden auf konkrete Situationen im Hafen von Rotterdam und im Stadthafen von Münster angewendet. Darüber hinaus wurden Phänomene als auch „Mythen" zum Wind untersucht und flossen in die Entwürfe ein. In diesem Sinne erarbeitete das Studio 51,9°N eine Haltung zur Gestaltung von zukünftigen Städten und Stadtteilen als Teil klimatischer und lokaler urbaner Zusammenhänge[3]. – *Abb. 3*

Siedlungspolitik

Auf der Suche nach nachhaltigen Planungsalternativen kommt man unvermeidlich mit den bestehenden legislativen Rahmenbedingungen in Berührung. Schon in den 1980er Jahren hat Rem Koolhaas den Mangel konzeptueller Bestimmtheit politischer Entscheidungen der holländischen Gemeinden kritisiert. Eine endlose Reihe pragmatischer Kompromisse verwandelte Holland in eine karikaturhafte Landschaft und bescherte jedem Dorf seine eigene Peripherie[4].

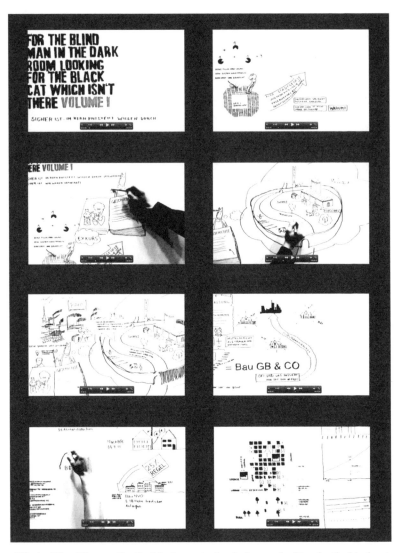

Abb. 4 – Filmstills aus „For the blind man in the dark room looking for the black cat which isn't there." Abhandlung über die geschichtliche Entwicklung der Baugesetze, die heute noch stark von der Funktionstrennung der CIAM-Periode beeinflusst sind. – *Darstellung: Studio Rurban (msa | münster school of architecture): Dominik Harijanto, Marlène Reinhardt*

Deutschland folgt hier dem beschriebenen „Pragmatismus". Die Bauleitplanung ist gesetzliche Grundlage zur Lenkung der städtebaulichen Entwicklung einer Gemeinde. Seit den 1970er Jahren im Wesentlichen festgeschrieben, werden mit dem Gesetzeswerk Regeln fixiert, die immer noch expansive Siedlungsformen ermöglichen. So werden beispielsweise für allgemeine Wohngebiete im Geiste des CIAM kaum programmatische Mischungen zugelassen und zudem geringe Dichten mit einer Geschossflächenzahl von maximal 0,4 als Höchstmaß festgeschrieben. Mit solchen Vorgaben sind nicht immer unvernünftige Ermessenspielräume beschrieben, die jedoch zusammen mit einer im Allgemeinen schwachen politischen Durchsetzungskraft die Durchschnittlichkeit des oben beschriebenen Status quo fixieren. Hinzu kommt, dass bei den leeren Kassen der Gemeinden die aufwändigen Verfahren der Erstellung eines Bebauungsplanes in der Praxis kaum zur Anwendung kommen. An dieser Stelle liegt es nahe, die gesetzlichen Instrumente zu überdenken und zu vereinfachen.

Fallstudie 3: For the blind man in the dark room looking for the black cat which isn't there[5]. Die Zukunft europäischer Städte liegt weniger im Neubau, sondern in der Transformation bestehender Strukturen. Wenn es um die Integration in einen bestehenden Kontext geht, dann ließe sich Verträglichkeit mit weniger Verwaltungsaufwand über § 34 BauGB der Zulässigkeit von Vorhaben innerhalb der im Zusammenhang bebauten Ortsteile klären. Mit diesem Ansatz wird eine Novelle der Baugesetze in synoptischer Gegenüberstellung vorgeschlagen, die kompaktere Bebauung ohne Verlust von Lebensqualität legitimieren könnte. – *Abb. 4, 5a, 5b, 5c*

Resümee

Die Herausforderung im Städtebau liegt in interdisziplinärer Verknüpfung von organisatorischen Strategien mit stadträumlichen Qualitäten und planungsrechtlichen Mechanismen. Die Gestaltung von Siedlungsstrukturen wird die Grundlage aller zukünftigen Entwicklungsstrategien bilden und Architektur im jeweiligen Kontext legitimieren oder infrage stellen. Hier beginnt spätestens die Nachhaltigkeit in der Planung.

Anmerkungen:

[1] *Goczol, Bettina (15.01.2009): „Haus-Traum auf engem Raum". In: Westfälische Nachrichten. http://www.westfaelische-nachrichten.de/lokales/muenster/stadtteile_sued/925196_Haus_Traum_auf_engem_Raum. html, 26.07.2011*

[2] *Studio Rurban (msa | münster school of architecture) Nadeem Bajwa, Christian Kuhlen – Department Städtebau Prof. Joachim Schultz-Granberg*

[3] *Studio 51,9°N (Entwurfsstudio der msa | münster school of architecture) V-Prof. Sven Pfeiffer, Prof. Joachim Schultz-Granberg und der Rotterdam Academy voor Bouwkunst, Mareike Krautheim (Visiting Professor), Ralf Pasel (Visiting Professor) mit Unterstützung vom Labor für Strömungstechnik und Simulation Prof. Hans Arno Jantzen und Team und Prof. Dr. Otto Klemm, Klimatologie, WWU Münster*

[4] *vgl. Koolhaas, Rem: „Point city, south city, project for redesigning Holland | Unlearning Holland (a study in density)". In: S, M, L, XL. New York 1995*

[5] *Studio Rurban (msa | münster school of architecture) Dominik Harijanto, Marlène Reinhard – Department Städtebau Prof. Joachim Schultz-Granberg*

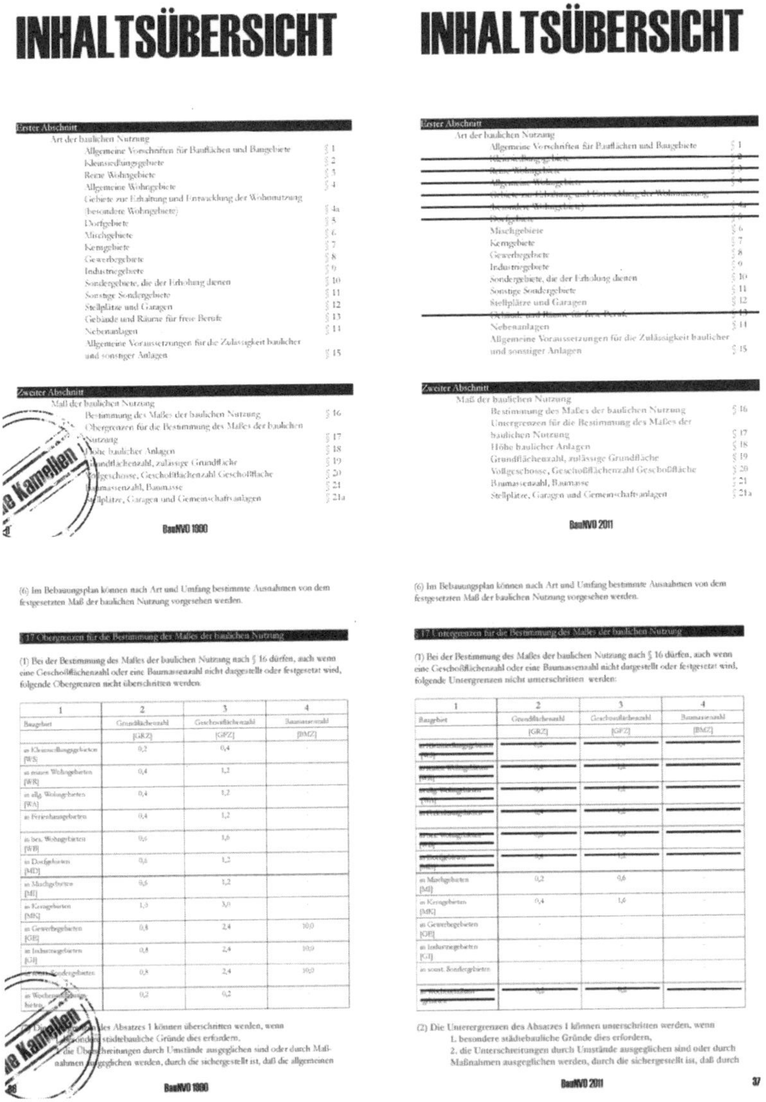
INHALTSÜBERSICHT

Erster Abschnitt
Art der baulichen Nutzung
Allgemeine Vorschriften für Bauflächen und Baugebiete § 1
Kleinsiedlungsgebiete § 2
Reine Wohngebiete § 3
Allgemeine Wohngebiete § 4
Gebiete zur Erhaltung und Entwicklung der Wohnnutzung (besondere Wohngebiete) § 4a
Dorfgebiete § 5
Mischgebiete § 6
Kerngebiete § 7
Gewerbegebiete § 8
Industriegebiete § 9
Sondergebiete, die der Erholung dienen § 10
Sonstige Sondergebiete § 11
Stellplätze und Garagen § 12
Gebäude und Räume für freie Berufe § 13
Nebenanlagen § 14
Allgemeine Voraussetzungen für die Zulässigkeit baulicher und sonstiger Anlagen § 15

Zweiter Abschnitt
Maß der baulichen Nutzung
Bestimmung des Maßes der baulichen Nutzung § 16
Obergrenzen für die Bestimmung des Maßes der baulichen Nutzung § 17
Höhe baulicher Anlagen § 18
Grundflächenzahl, zulässige Grundfläche § 19
Vollgeschosse, Geschoßflächenzahl, Geschoßfläche § 20
Baumassenzahl, Baumasse § 21
Stellplätze, Garagen und Gemeinschaftsanlagen § 21a

BauNVO 1990

INHALTSÜBERSICHT

Erster Abschnitt
Art der baulichen Nutzung
Allgemeine Vorschriften für Bauflächen und Baugebiete § 1
~~Kleinsiedlungsgebiete § 2~~
~~Reine Wohngebiete § 3~~
~~Allgemeine Wohngebiete § 4~~
~~Gebiete zur Erhaltung und Entwicklung der Wohnnutzung (besondere Wohngebiete) § 4a~~
~~Dorfgebiete § 5~~
Mischgebiete § 6
Kerngebiete § 7
Gewerbegebiete § 8
Industriegebiete § 9
Sondergebiete, die der Erholung dienen § 10
Sonstige Sondergebiete § 11
Stellplätze und Garagen § 12
~~Gebäude und Räume für freie Berufe § 13~~
Nebenanlagen § 14
Allgemeine Voraussetzungen für die Zulässigkeit baulicher und sonstiger Anlagen § 15

Zweiter Abschnitt
Maß der baulichen Nutzung
Bestimmung des Maßes der baulichen Nutzung § 16
Untergrenzen für die Bestimmung des Maßes der baulichen Nutzung § 17
Höhe baulicher Anlagen § 18
Grundflächenzahl, zulässige Grundfläche § 19
Vollgeschosse, Geschoßflächenzahl, Geschoßfläche § 20
Baumassenzahl, Baumasse § 21
Stellplätze, Garagen und Gemeinschaftsanlagen § 21a

BauNVO 2011

(6) Im Bebauungsplan können nach Art und Umfang bestimmte Ausnahmen von dem festgesetzten Maß der baulichen Nutzung vorgesehen werden.

§ 17 Obergrenzen für die Bestimmung des Maßes der baulichen Nutzung

(1) Bei der Bestimmung des Maßes der baulichen Nutzung nach § 16 dürfen, auch wenn eine Geschoßflächenzahl oder eine Baumassenzahl nicht dargestellt oder festgesetzt wird, folgende Obergrenzen nicht überschritten werden:

1	2	3	4
Baugebiet	Grundflächenzahl (GRZ)	Geschoßflächenzahl (GFZ)	Baumassenzahl (BMZ)
in Kleinsiedlungsgebieten (WS)	0,2	0,4	-
in reinen Wohngebieten (WR)	0,4	1,2	-
in allg. Wohngebieten (WA)	0,4	1,2	-
in Ferienhausgebieten	0,4	1,2	-
in bes. Wohngebieten (WB)	0,6	1,6	-
in Dorfgebieten (MD)	0,6	1,2	-
in Mischgebieten (MI)	0,6	1,2	-
in Kerngebieten (MK)	1,0	3,0	-
in Gewerbegebieten (GE)	0,8	2,4	10,0
in Industriegebieten (GI)	0,8	2,4	10,0
in sonst. Sondergebieten	0,8	2,4	10,0
in Wochenendhausgebieten	0,2	0,2	-

(2) Die Obergrenzen des Absatzes 1 können überschritten werden, wenn
1. besondere städtebauliche Gründe dies erfordern,
2. die Überschreitungen durch Umstände ausgeglichen sind oder durch Maßnahmen ausgeglichen werden, durch die sichergestellt ist, daß die allgemeinen

36 BauNVO 1990

(6) Im Bebauungsplan können nach Art und Umfang bestimmte Ausnahmen von dem festgesetzten Maß der baulichen Nutzung vorgesehen werden.

§ 17 Untergrenzen für die Bestimmung des Maßes der baulichen Nutzung

(1) Bei der Bestimmung des Maßes der baulichen Nutzung nach § 16 dürfen, auch wenn eine Geschoßflächenzahl oder eine Baumassenzahl nicht dargestellt oder festgesetzt wird, folgende Untergrenzen nicht unterschritten werden:

1	2	3	4
Baugebiet	Grundflächenzahl (GRZ)	Geschoßflächenzahl (GFZ)	Baumassenzahl (BMZ)
~~in Kleinsiedlungsgebieten (WS)~~	~~0,2~~	~~0,4~~	
~~in reinen Wohngebieten (WR)~~	~~0,4~~	~~1,2~~	
~~in allg. Wohngebieten (WA)~~	~~0,4~~	~~1,2~~	
~~in Ferienhausgebieten~~	~~0,4~~	~~1,2~~	
~~in bes. Wohngebieten (WB)~~	~~0,6~~	~~1,6~~	
~~in Dorfgebieten (MD)~~	~~0,6~~	~~1,2~~	
in Mischgebieten (MI)	0,2	0,6	
in Kerngebieten (MK)	0,4	1,6	
in Gewerbegebieten (GE)	-	-	
in Industriegebieten (GI)	-	-	
in sonst. Sondergebieten	-	-	
~~in Wochenendhausgebieten~~	~~0,2~~	~~0,2~~	

(2) Die Untergrenzen des Absatzes 1 können unterschritten werden, wenn
1. besondere städtebauliche Gründe dies erfordern,
2. die Unterschreitungen durch Umstände ausgeglichen sind oder durch Maßnahmen ausgeglichen werden, durch die sichergestellt ist, daß durch

BauNVO 2011 37

Abb. 5a – Auszüge aus einer Novelle der Baugesetze „Synoptische Gegenüberstellung BAU NVO 1990 | 2011", Studio Rurban (msa | münster school of architecture)
Darstellung: Dominik Harijanto, Marlène Reinhardt

Abb. 5b – Auszüge aus einer Novelle der Baugesetze „Synoptische Gegenüberstellung BAU NVO 1990 | 2011 und BAU O NRW 2000 | 2011", Studio Rurban (msa | münster school of architecture) – *Darstellung: Dominik Harijanto, Marlène Reinhardt*

INHALTSÜBERSICHT

BauGB 2004

INHALTSÜBERSICHT

BauGB 2011

2. die in den Baugebieten zulässigen baulichen und sonstigen Anlagen;
3. die Zulässigkeit der Festsetzung nach Maßgabe des § 9 Abs. 3 über verschiedenartige Baugebiete oder verschiedenartige in den Baugebieten zulässige bauliche und sonstige Anlagen,
4. die Ausarbeitung der Bauleitpläne einschließlich der dazugehörigen Unterlagen sowie über die Darstellung des Planinhalts, insbesondere über die dabei zu verwendenden Planzeichen und ihre Bedeutung.

[-]

§ 34 Zulässigkeit von Vorhaben innerhalb der im Zusammenhang bebauten Ortsteile

(1) Innerhalb der im Zusammenhang bebauten Ortsteile ist ein Vorhaben zulässig, wenn es sich nach Art und Maß der baulichen Nutzung, der Bauweise und der Grundstücksfläche, die überbaut werden soll, in die Eigenart der näheren Umgebung einfügt und die Erschließung gesichert ist. Die Anforderungen an gesunde Wohn- und Arbeitsverhältnisse müssen gewahrt bleiben; das Ortsbild darf nicht beeinträchtigt werden.
(2) Entspricht die Eigenart der näheren Umgebung einem der Baugebiete, die in der auf Grund des § 9a erlassenen Verordnung bezeichnet sind, beurteilt sich die Zulässigkeit des Vorhabens nach seiner Art allein danach, ob es nach der Verordnung in dem Baugebiet allgemein zulässig wäre; auf die nach der Verordnung ausnahmsweise zulässigen Vorhaben ist § 31 Abs. 1, im Übrigen ist § 31 Abs. 2 entsprechend anzuwenden.
(3) Von Vorhaben nach Absatz 1 oder 2 dürfen keine schädlichen Auswirkungen auf zentrale Versorgungsbereiche in der Gemeinde oder in anderen Gemeinden zu erwarten sein.
(3a) Vom Erfordernis des Einfügens in die Eigenart der näheren Umgebung nach Absatz 1 Satz 1 kann im Einzelfall abgewichen werden, wenn die Abweichung
1. der Erweiterung, Änderung, Nutzungsänderung oder Erneuerung eines zulässigerweise errichteten Gewerbe- oder Handwerksbetriebs oder der Erweiterung, Änderung oder Erneuerung einer zulässigerweise errichteten baulichen Anlage zu Wohnzwecken dient,
2. städtebaulich vertretbar ist und
3. auch unter Würdigung nachbarlicher Interessen mit den öffentlichen Belangen vereinbar ist.
Satz 1 findet keine Anwendung auf Einzelhandelsbetriebe, die die verbrauchernahe Versorgung der Bevölkerung beeinträchtigen oder schädliche Auswirkungen auf zentrale Versorgungsbereiche in der Gemeinde oder in anderen Gemeinden haben können.
[...] durch Satzung
[...] für im Zusammenhang bebaute Ortsteile festlegen,
[...] bereiche im Außenbereich als im Zusammenhang bebaute Ortsteile
[...] wenn die Flächen im Flächennutzungsplan als Baufläche dargestellt

BauGB 2004

2. die in den Baugebieten zulässigen baulichen und sonstigen Anlagen;
3. die Zulässigkeit der Festsetzung nach Maßgabe des § 9 Abs. 3 über verschiedenartige Baugebiete oder verschiedenartige in den Baugebieten zulässige bauliche und sonstige Anlagen,
4. die Ausarbeitung der Bauleitpläne einschließlich der dazugehörigen Unterlagen sowie über die Darstellung des Planinhalts, insbesondere über die dabei zu verwendenden Planzeichen und ihre Bedeutung.

[-]

§ 34 Zulässigkeit von Vorhaben innerhalb der im Zusammenhang bebauten Ortsteile

(1) Innerhalb der im Zusammenhang bebauten Ortsteile ist ein Vorhaben zulässig, wenn es sich nach Art und Maß der baulichen Nutzung, der Bauweise und der Grundstücksfläche, die überbaut werden soll, in die Eigenart der näheren Umgebung einfügt und die Erschließung gesichert ist. Die Anforderungen an gesunde Wohn- und Arbeitsverhältnisse müssen gewahrt bleiben; das Ortsbild darf nicht beeinträchtigt werden.
(2) Entspricht die Eigenart der näheren Umgebung einem der Baugebiete, die in der auf Grund des § 9a erlassenen Verordnung bezeichnet sind, beurteilt sich die Zulässigkeit des Vorhabens nach seiner Art allein danach, ob es nach der Verordnung in dem Baugebiet allgemein zulässig wäre; auf die nach der Verordnung ausnahmsweise zulässigen Vorhaben ist § 31 Abs. 1, im Übrigen ist § 31 Abs. 2 entsprechend anzuwenden.
(3) Von Vorhaben nach Absatz 1 oder 2 dürfen keine schädlichen Auswirkungen auf zentrale Versorgungsbereiche in der Gemeinde oder in anderen Gemeinden zu erwarten sein.
(3a) Vom Erfordernis des Einfügens in die Eigenart der näheren Umgebung nach Absatz 1 Satz 1 kann im Einzelfall abgewichen werden, wenn die Abweichung
1. der Erweiterung, Änderung, Nutzungsänderung oder Erneuerung eines zulässigerweise errichteten Gewerbe- oder Handwerksbetriebs oder der Erweiterung, Änderung oder Erneuerung einer zulässigerweise errichteten baulichen Anlage zu Wohnzwecken dient,
2. städtebaulich vertretbar ist und
3. auch unter Würdigung nachbarlicher Interessen mit den öffentlichen Belangen vereinbar ist.
Satz 1 findet keine Anwendung auf Einzelhandelsbetriebe, die die verbrauchernahe Versorgung der Bevölkerung beeinträchtigen oder schädliche Auswirkungen auf zentrale Versorgungsbereiche in der Gemeinde oder in anderen Gemeinden haben können.
(4) Die Gemeinde kann durch Satzung
1. die Grenzen für im Zusammenhang bebaute Ortsteile festlegen,
2. bebaute Bereiche im Außenbereich als im Zusammenhang bebaute Ortsteile

BauGB 2011   93

Abb. 5c – Auszüge aus einer Novelle der Baugesetze „Synoptische Gegenüberstellung BAU GB 2004 | 2011", Studio Rurban (msa | münster school of architecture)
Darstellung: Dominik Harijanto, Marlène Reinhardt

Climate Chan(g)ce!

by Dr. Vanessa Miriam Carlow

Fig. 1 – The Library Copenhagen Nordvest – Photo: Stamers Kontor

Sustainable By Design: this headline radiates *the* aspiration of most architects and urban planners today; that building should last long and not leave a footprint—a virtual one that is—on the environment. In the following, I want to explain which dimensions the concept of sustainability may entail. And I will illustrate that with the help of projects that we have been realising at the COBE. COBE stands for COpenhagen and BErlin, the two cities Dan Stubbergaard and I, Vanessa Miriam Carlow, come from. We founded the office in 2004, and since then have been able to realise some buildings, we have been involved in large master planning schemes, we have realised urban spaces, and we have done research.

COBE. Architecture. Urbanism. Research

Most of our projects are located in Scandinavia, Germany, or Asia. But up until now, our strongest base is Denmark. One of our most well-known projects is probably the conversion of the Northern Harbour in Copenhagen into a new urban district for 30,000 people with 30,000 work places. Scandinavians have a high appreciation for beautiful and simple things. Denmark is above all famous for good design. Modernity, in particular, has produced some icons— also within the field of architecture. Many of these are located close to the water, which may not be a surprise given that Denmark is an archipelago of several hundred islands. At no point in Denmark is the distance to a shore longer than thirty-five kilometres. Denmark has one of the highest shoreline per capita ratios. That's why—in my interpretation—the Danes are so aware of the effects climate change may have (or already has) on their country. The coast is an extremely fragile system.

After the United Nations Intergovernmental Panel on Climate Change (IPCC) published their "World Climate Report 2006", we made a little animation showing what impact a sea level rise of only fifty centimetres (that equates to a medium climate change scenario) would have on the geography of Denmark, if no measures of coastal protection were taken. The result was quite striking. Denmark is very flat. The coast would change drastically. Approximately, one-quarter of Denmark's land surface would be submerged. In fact, the cities around the Baltic Sea—like Oslo, Helsinki or Copenhagen—today are preparing for flood events of four metres. You can imagine what kind of impact that has on the built environment. The new metro line in Copenhagen, which lies right next to the Baltic Sea, is put on pillars, the Oslo Opera has its own protection in form of a gigantic (yet very beautiful) staircase, and in Helsinki, new buildings are only permitted at higher grounds, where such a flood would not reach.

My point is: because people can feel the affect climate change has on their very lives, they are more aware of their behaviour. I don't have scientific proof, but the fact that some of the most cutting-edge green technologies were first invented and promoted in Denmark could be taken as an indicator—think of the large industrial windmills made by Vestas. So, there is a correlation between climate change and social change! Can we employ one to tackle the other and vice versa? This is the atmosphere most COBE projects are conceived in, such as:

Taastrup Theatre

Formally, we were commissioned to carry out an energy upgrade of this building. When we first came to the site and talked with the theatre director, we realised that the building also has other problems beyond "just" an energy bill that is too high. It is located in one of Copenhagen's post-war new towns called Høje Taastrup—which has quite a bad reputation. It is a socially challenged neighbourhood, with a very diverse, comparatively young, rather colourful population, and a quite uninspiring urban realm. It has a shopping mall, a highway exit, and the local theatre is located at the entry

Fig. 2 - New entrance Taastrup Theatre - *Photo: Stamers Kontor*

to the town from Copenhagen. For many years, the theatre didn't look very inviting: a rough concrete box with no natural lighting and ventilation, a hidden entry, a foyer and café in the basement, a missing reception area — a horrible ex- and interior. And above all, it was an energy bomb, which basically had to do with the fact that the building had insufficient thermal insulation.

Today, the building looks completely different. The old rough concrete structure is wrapped into a second "theatre curtain." - *Fig. 2*

We tried to find another approach of insulating the building than just to wrap it in blue foam — a material that is already under suspicion because it could cause us a lot of problems in thirty years. Instead, we tried to work with materials that are recycling products or that can be reassembled. And by working with the second curtain, we created a bit of additional space — for example, to make a nice entry to the building. That space has the potential to become a kind of social glue for the neighbourhood, connecting the inside of the theatre with the outside. As a result of the insulation, we managed to reduce the building's energy consumption by 20% — the net figure is still

Fig. 3 – More space, i.e. for the new Café, Taastrup Theatre – *Photo: Stamers Kontor*

not impressively low, which also has to do with the fact that we are connected to the very inefficient municipal district heating network, which brings the heating from very far away. But as mentioned before, we realised very early in the work process that the theatre had other problems beyond being an energy bomb. It was conceived to be a meeting point in the community, but it was basically not an accepted public institution, which surely had to do with its poor condition and with its programme, but also with another fact: the theatre was losing its audience. The Danish Association of Theatres established that the largest share of the theatre audience is sixty years and older. The figures for Germany are not much different. The average age of symphony audiences is sixty-nine years.

In a neighbourhood like Høje Taastrup, that means: most of the local population has never visited the theatre. Accordingly, they will miss out on a form of participation and culture. So, the first thing we did before starting an actual design was to conduct a workshop with the pupils of the neighbouring school. We basically asked the children what would make a theatre attractive for them; and together, we developed the vision of a "Speaking Theatre" — a place that is inviting and open. We used models to communicate with the children who do not speak architecture as mother tongue. And since we organised the workshop on the theatre grounds, we lured the children into the building in a very uncomplicated manner. The theatre director welcomed everyone and also explained how the theatre works, and since at that age—most mothers or fathers pick up their children from school—we also got the parents into the theatre, many of whom we knew had never been there before. After the workshop, we tried to translate the wishes of the children into architecture—not in every detail—which resulted in a kind of spatial synthesis of their ideas. We also involved other people who are important for the community. It is possible for every project to identify those "godfathers and godmothers" who will communicate the intention of projects into their communities. These can be politicians, artists and neighbourhood organisers, or social workers and teachers. Teachers are very important!

So how did the building actually come to look the way it looks today? The configuration of the original building looked like a shoebox of rough, exposed concrete, with the theatre hall on ground level and all of the other public amenities in the basement. Meaning, if you wanted to buy a ticket, you had to go downstairs, which is not very inviting. What we suggested was tightly wrapping the building on three sides and the roof, but on the fourth side towards the street, we stretched the insulation a bit to generate some extra space that will henceforth accommodate all those super important things that work as a link to the outside—like the foyer, the café, the reception. – *Fig. 3* This opening towards the outside has several benefits compared to the original condition: it allows for natural lighting and ventilation. Daylight is very important in Scandinavia especially in the wintertime, when we literally want to catch every ray of light. Finally, you can look into the theatre and you can look out from it. So the theatre is no longer a closed container. The theatre reopened spring 2010. We made sure that all the children who took part in the workshops were invited. We have to say that the best proof that our strategy worked is that the theatre director has adjusted his pro-gramme—they no longer show Viking plays, but include events that the young audience is more interested in: for example, they now have dance workshops. Moreover, it is great to see that the building has not been demolished. There is not a single scratch—no graffiti, no demoli-tion. If we take this as a measure of its acceptance in the community, I must say we have been very successful. The building is very sus-tainable—from an energy and social point of view. For me, climate chan(g)ce means that both have to go hand in hand.

The Library in Copenhagen Nordvest

The Copenhagen neighbourhood Nordvest has also been stigmatised. The new building is an intervention in the area intended to create a new socially accepted community centre evolving around culture and learning. We used a strategy similar to the one in Taastrupto find accept ance for the new building in the community: early user involvement. However, in Nordvest—where the new building is an addition to an existing one—we used a different architectural language, which under-lines the diversity of the building's users. Ethnic diversity is one of the rather new conditions in the metropolitan area of Copenhagen (com-pared to classical arrival cities like London or Berlin). Yet, in general, where the "average citizen" is disappearing as a benchmark, architec-tures and urban spaces that can be intuitively understood by people from different backgrounds are important for the citizens to participate in urban life with all benefits and duties.

The building is conceived as a stack of books – *Fig. 1, 3a, 3b* – in which each of the different departments of the library—for children, young adults, and adults, media library, and two multi-facility halls—provide very different atmospheres: they smell of wood, are black or colour-ful, big or intimate, elegant or cosy. Yet, on the outside, the building is wrapped in one coherent envelope—a golden, metallic mesh that also

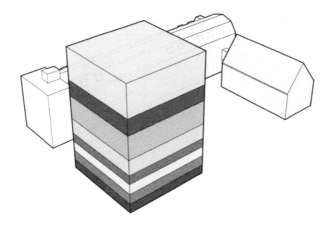

Fig. 3a – Library diagram: volume study of the different departments
Drawing: COBE

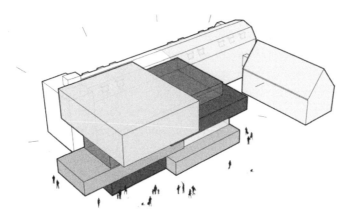

Fig. 3b – Library diagram: the building is conceived as a stack of books to provide
very different atmospheres. – *Drawing: COBE*

reflects the roughness of Nordvest. The building also functions like an urban passage. You may enter and hang out, without functional or institutional barriers. Time will tell whether the building will be accepted by the different residents of the neighbourhood. Yet, one thing is certain—since the opening on 19 April 2011, it has been a highly visited and vibrant place.

In 2011, the library was awarded the medal for the "best and most beautiful public building in Copenhagen 2011." We also received the MIPIM Award in Cannes for it. In another rather large-scale project we have been developing, there are many more users—but the approach to sustainable development has a similar angle: knowledge.

Knowledge Network—Development plan for the extension of Copenhagen University and other knowledge institutions at Nørre Campus

Knowledge is an inexhaustible resource! The development plan begins with the observation that, unlike other resources, know ledge doesn't decrease if it is used. It cannot be used up. Instead, it increases in value if it is shared and applied. This has to do with the way knowledge is produced: in the old days, it was possible to know everything there was to know. Today, knowledge is no longer a lockable canon. Imagine a library containing all the books of the world—it would be impossible to read them in one lifetime. Today, knowledge is more like a constant process of transformation in which knowledge is split up, fragmented, reassembled, revisited, filtered, adapted, and continuously confronted with new economic, technological, societal, or social conditions.

That does not mean that the world is turned upside down constantly. Instead, knowledge is transformed and extended into all directions. Sometimes, the steps made in extending the body of knowledge are quantum leaps; sometimes they are detours. Today, the design for a university environment—in which systematic scientific research is conducted — has to react to these contemporary conditions of the production and dissemination of knowledge: it has to offer the conditions for systematic work and for the unforeseen encounter. With our design, we offer such a productive condition.

With our proposal for the development of Nørre Campus, we bring forward the idea that improving the relation between the campus and the city is a major opportunity for a sustainable urban future of the area and the city of Copenhagen as a whole! Improving this relation entails three layers: a physical, a mental, and an organisational: hardware, software, orgware (Knowledge Network).

With our proposal for Nørre Campus Vidensnetværk, we suggest that the main knowledge institutions in the area — Copenhagen University, Rigshospital, Professionshøjskolen Metropol, and COBIS (including their visitors, users, and employees) — take on a central role in the area's transformation towards a livelier and environmentally friendlier living, working, and learning environment in and beyond today's campus: a sustainable Knowledge Network.

We use the image of a network to explain what we want. In the new science network, all educational facilities — universities, local schools, and kindergartens, but also bookshops or other facilities supporting research and education — are physically interlinked by means of open public space, new sports facilities, and transparent additions to already existing buildings. – *Fig. 4* New buildings are only placed on already sealed land so that the campusis densifying rather than sprawling or newly sealing hitherto unsealed virgin land. Campus satellites in the surrounding neighbourhoods are attractive addresses for residents to linger, mix with students and staff or the local business community. It is a high-quality public realm that binds the different facilities and their users together.

Fig. 4 – Nørre Campus, birdeye view – *Drawing: COBE*

Six strategies to guide the development of Nørre Campus

With the proposal, we devised five general strategies — Open! Connect! Mirror! Densify! Enhance! — that would support a better integration of city and campus for the benefit of both. A sixth strategy — Open Process! — is about the translation of the first five strategies into hundreds of projects for thousands of users. The six guiding strategies are:

Build a knowledge network from isolated institutions — open! The campus is located in a metropolitan region featuring a number of cutting-edge educational institutions, research institutes, universities, but also local schools, libraries, and kindergartens. Copenhagen is the heart and engine of that region. Being located in a central part of Copenhagen, Nørre Campus offers the potential to open these rather isolated, discrete, and closed institutions, and to connect them physically (hardware) and mentally (software) with each other and with the city. By building this Knowledge Network, we will invite a wider public into the area thereby improving exchange, innovation, communication, knowledge building, and diffusion. - *Fig. 5*

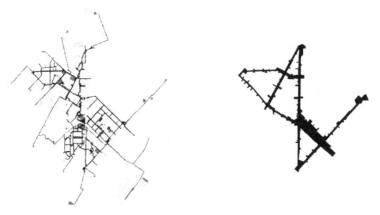

Fig. 5 (left) - Scheme Open!, *Fig. 6 (right)* - Scheme Connect!
Drawings: COBE

From separators to connectors — connect! The major traffic arteries — Nørre Allé, Tagensvej, Jagdvej, and Blegdamsvej — have a separating effect on the different campus areas and the adjacent neighbourhoods. By physically improving and integrating the separators, they have the potential to become strong addresses and connectors. The connectors not only facilitate long-distance connections, but also short-distance connection across their profile. - *Fig. 6*

From campus in the city to city-campus — mirror! Nørre Campus is embedded in a culturally rich and diverse urban context. There is a large potential for sustainable development in physically improving the porosity of the campus boarders. By mirroring city and campus across the connectors, both will cross-fertilise and complement each other for the benefit of both. - *Fig. 7*

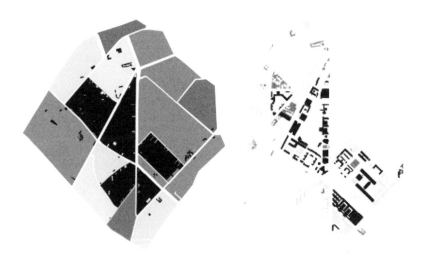

Fig. 7 (left) - Scheme Mirror!, *Fig. 8 (right)* - Scheme Fill in!
Drawings: COBE

Growth potential – fill in! Nørre Campus and the adjacent neighbour-hoods are like a collage of building clusters and open spaces, each with a strong identity and internal logic. The building clusters have the spatial potential to be upgraded and extended in their own log-ic and aesthetics, without reducing the amount or quality of open spaces. Enhancing the individual clusters' diversity in both the built and unbuilt realm will contribute to attracting diverse uses and users. – *Fig. 8*

Beautiful natural setting – enforce! Nørre Campus is located in Copen-hagen, which is so remarkable for its beautiful, natural setting. The accessibility to the lakes, the parks, and the sea from Nørre Campus can be enhanced by defining, expanding, and enforcing the quality of open spaces in the campus area. A diverse open, lush, and green realm will increase the attraction of the Nørre Campus. – *Fig. 10*

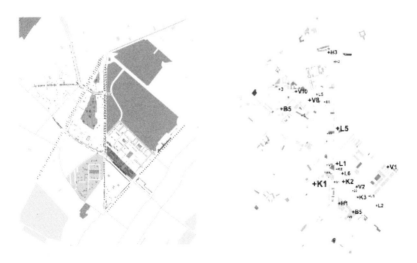

Fig. 9 (left) – Scheme Enforve!, *Fig. 10 (right)* – Scheme Open process!
Drawings: COBE

From 5 strategies to 100 projects for 100,000 users – open process! With the five strategies, we provide clear recommendations that are open and specific enough to guide an open yet robust process of sustain-able growth and development. Allowing for the translation into a multitude of specific projects, the five strategies safeguard the phys-ical and mental conditions of exchange, communication, inno-vation, participation, and international appeal. – *Fig. 10*

Sustainable by design? I think these examples show that there can and must be different strategic approaches to sustainable design. Each assignment must be answered in a context–specific way, even if the aspiration is the same.

Fig. 10 – Nørre Campus, street view – Drawing: COBE

Die Zeit im Raume mitdenken

Landschaftsarchitektonische Strategien zur nachhaltigen Stadtentwicklung

von Prof. Dr. Martin Prominski

Abb. 1 – „Metallwald" (Fôret Metal) – Foto: Marc Rumellhart

Nachhaltigkeit hat grundsätzlich einen langen zeitlichen Horizont und verlangt ein prozessorientiertes Denken. Für eine nachhaltige Stadtentwicklung bedeutet diese Tatsache, dass neben der räumlichen Komposition städtebaulicher Elemente eine langfristige zeitliche Entwicklung im Entwurf mitgedacht werden muss. Für dieses Zusammenspiel aus Raum und Zeit sehen viele Architekten die Landschaft als geeignete Metapher für ein zukunftsorientiertes Stadtverständnis. Charles Waldheim hat hierfür den Begriff des „Landscape Urbanism" geprägt und meint: „Landscape Urbanism describes a disciplinary realignment currently underway in which landscape replaces architecture as the basic building block of contemporary urbanism. For many, across a range of disciplines, landscape has become both the lens through which the contemporary city is represented and the medium through which it is constructed" (Waldheim 2006: 11). In diesem Verständnis ist Landschaft nicht mehr das grüne Gegenüber des Gebauten, sondern das integrierte System urbaner Elemente wie Gebäude, Infrastrukturen, Freiräume, Natur oder Menschen. Diese Systeme bzw. urbanen Landschaften sind komplex und können als lebendige Organismen verstanden werden, die sich ständig wandeln. Um sie zu entwerfen sind Strategien notwendig, die mit Komplexität und Wandel umgehen können. Die Landschaftsarchitektur als Entwurfsdisziplin mit der meisten Erfahrung im Umgang mit lebendigen Materialien hat hierzu eine Vielzahl erfolgreicher Ansätze entwickelt, von denen im Folgenden drei Beispiele vorgestellt werden.

Transformieren

Ein Ziel nachhaltiger Stadtentwicklung sollte es sein, bei der Veränderung von Orten den Ressourcenverbrauch möglichst niedrig zu halten. Entwurfsstrategisch bedeutet das, möglichst mit dem Bestand zu arbeiten und vorhandenes Material intelligent zu transformieren. Auf die Spitze getrieben wurde die Strategie in einem um-

Abb. 2 (links) – Die „Big Macs" *– Abb. 3 (rechts) –* „Green Dynamite"
Fotos: Marc Rumelhart

gesetzten Praxisprojekt von Landschaftsarchitekturstudierenden der Versailler „Ecole Nationale Superieure du Paysage" unter der Leitung von Marc Rumelart, Vorsteher des Ökologiedepartments. Für die Umgestaltung eines 10 Hektar großen Gewerbegebietes am Fluss Vilaine in Redon/Bretagne, das zwischen 1995 und 2000 fünfmal überschwemmt und deshalb aufgegeben wurde, verfolgten die Studierenden das Prinzip, nichts vom Gelände zu entfernen und gleichzeitig keine neuen Materialien auf das Gelände zu bringen. Es durften also ausschließlich vorhandene Dinge umgenutzt werden, weshalb sie ihrem Projekt den Titel „Transformateur" gaben. An dieser Stelle soll mit der Transformation einer Lagerhalle nur ein kleiner Teil des Gesamtprojektes vorgestellt werden. Auf dem gesamten Gelände gab es noch viele andere Beispiele transformierter Elemente, weiterhin wurden in das Projekt noch soziale Aspekte wie die Mitarbeit von ABM-Kräften oder örtlichen Schulen integriert. Die alte Lagerhalle wurde mit ihren Hochregalen als „Metallwald" (Fôret Metal) interpretiert. *– Abb. 1* Dachelemente der Halle wurden abgenommen, um Regenwasser in das Innere zu lassen, in die Regale wurden Paletten mit Schichten aus Oberboden und Holzabfällen gestellt (Spitzname: Big Macs), die sukzessive von Pflanzen besiedelt werden. – *Abb.* 2 Der Betonboden wurde flächig oder punktuell aufgerissen und mit Initialpflanzen besiedelt, die aus Randzonen des Geländes geholt wurden. Insbesondere Weidenstecklinge, die als „Green Dynamite" in gebohrte Löcher gesetzt wurden, werden den Boden mit den Jahren vollkommen verwandeln. – *Abb.* 3 Der Metallwald des Projekts Transformer zeigt, wie mit minimalen Mitteln ein völlig neuer Stadtraum geschaffen werden kann. Die entworfenen Lebensräume, die sich kontinuierlich weiterentwickeln werden, haben das ehemals abgeschottete Industriegelände wieder ins Bewusstsein der Bevölkerung zurückgeholt. Sie fangen an, das Gelände zu besuchen und zu nutzen, es wird als neuer Typ von Park akzeptiert.

Stören

In der Ökosystemtheorie hat sich in jüngster Zeit die Erkenntnis durchgesetzt, dass ökologische Gleichgewichtszustände nicht das allein anzustrebende Ziel im nachhaltigen Management von Ökosystemen sind. Stattdessen wird die Bedeutung von Ungleichgewichtszuständen betont, die einen unersetzlichen Beitrag für die biologische Vielfalt leisten (Reichholf 2008). Eine Möglichkeit, diese Ungleichgewichtszustände in Entwürfe einzuflechten, ist das bewusste Integrieren von Störungen, so dass sich über die Jahre bestimmte Bereiche des Gebietes immer wieder neu entwickeln können. Im Wettbewerbsbeitrag für die Topographie des Terrors in Berlin (prominski landschaftsarchitektur mit Architekten imke woelk & partner; pflanzenökologische Beratung Rüdiger Prasse) wurde dieses Ziel durch ein mehrschichtiges Vegetationsmanagement erreicht. Leitidee des Entwurfes war die dauerhafte Sicherung des rauen Charakters des Geländes, das in seiner kargen Unwirtlichkeit

Abb. 4 – Wettbewerbsgelände „Topographie des Terrors", Berlin. Die karge Unwirklichkeit sollte erhalten bleiben. – *Foto: Daniel Stimberg*

einen atmosphärischen Bruch in der wiederhergestellten Mitte Berlins darstellt und damit die Besucher angemessen auf die Geschichte des Ortes aufmerksam macht. Das Gelände sollte daher seinen gebrochenen Charakter aus wild bewachsenen Hügeln und offenen Flächen beibehalten. – *Abb.* 4 Diesem Grundgedanken folgend ordnet sich auch das neue Gebäude konsequent dem Gelände unter und ist durch topografische Modellierung nie als Ganzes, als Objekt sichtbar. Das Vegetationskonzept bietet einen festen Rahmen, in dem sich dynamische Prozesse entwickeln können. Es setzt an mit der ausschließlichen Verwendung der vorhandenen Sukzessionsvegetation, die während der Bodenmodellierung eingeschlagen wird und anschließend als Initialpflanzen in neue Zusammenhänge gestellt werden. Vier Formen des Vegetationsmanagements sichern die karge Übersichtlichkeit der Fläche und ihren Artenreichtum: Die Ebene zwischen Hügeln und Robinienwäldchen wird alle drei Jahre gefräst, es entstehen lückige, von kurzlebigen Arten dominierte Ruderalfluren. Die unteren Bereiche der Hügel werden alle fünf Jahre

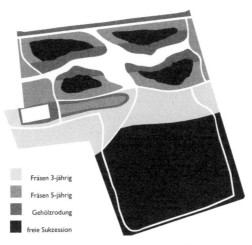

Fräsen 3-jährig

Fräsen 5-jährig

Gehölzrodung

freie Sukzession

Abb. 5 – Konzept der vier Formen des Vegetationsmanagements - *Darstellung: Daniel Stimberg*

gefräst, es entstehen lückige, von mehrjährigen Arten dominierte
Ruderalfluren. Auf verschatteten und stark geneigten Flächen wer-
den nur die aufkommenden Gehölze gerodet, es entstehen Hoch-
staudenbestände. Ab einer Geländehöhe von vier Metern wird der
Sukzession durch „Nicht-Eingreifen" Raum gegeben, es entstehen
Spitzahornklimaxstadien und Schleiergesellschaften. Durch diese
Störungen in unterschiedlichen Rhythmen befindet sich die Land-
schaft der Topographie des Terrors in ständigem, teils radikalem
Wandel, gleichzeitig sichert ein räumlich-statisches Grundgerüst
die „Bühne", auf der sich die Prozesse abspielen. – *Abb. 5, 6*

Initiieren
Die Zeit im Raume mitzudenken bedeutet, dass ein Entwurf offen für zukünftige Entwicklungen sein sollte, die prinzipiell nicht
vorhersehbar sind. Dieses ist vor allem durch das Setzen von Rahmenbedingungen möglich, innerhalb derer sich Prozesse eigendy-
namisch entwickeln können. Die Spannweite der Entwurfsmög-

Abb. 6 – Simulation der geplanten Formen des Vegetationsmanagements
Darstellung: Danie Stimberg und Susanne Zeller

lichkeiten reicht hier vom städtebaulichen Raster (z. B. Manhattan) bis zu ingenieurbiologischen Grenzlinien, wie sie im Folgenden am Beispiel der Isar in München gezeigt werden. Hier werden dem Fluss durch das Projekt Isarplan (2000 bis heute) teils sichtbare, teils unsichtbare Grenzen gesetzt, innerhalb derer morphodynamische Veränderungen möglich sind (Prominski et al. 2011). Um der Isar einen Teil ihrer Eigendynamik zurückzugeben, war es zunächst nötig, sie aus ihrem kanalartigen Korsett zu befreien. Das Aufbrechen und Abflachen des mit Steinen und Beton befestigten trapezförmigen Profils ermöglicht es dem Fluss, sein Bett durch Erosions- und Sedimentationsprozesse wieder selbst zu entwickeln. Diesen Prozessen wird allerdings im Entwurf eine Grenze in Form einer *schlafenden* Sicherung gesetzt. – *Abb. 7*

Bis zu diesem knapp unterhalb der Erdoberfläche liegenden und damit unsichtbaren Bauelement kann sich der Flussraum verändern, dahinter können die Wiesen wie bisher zu Erholungszwecken genutzt werden. Mit dieser Umgestaltung sowie der neuen Grenzsetzung wird ein Initial gesetzt, innerhalb dessen die Isar über weite Abschnitte ihre Lage und die Ausbildung des Längs- und Querprofils selbst entwickeln kann. Schon jetzt zeigt sich nach den ersten Hochwasserereignissen, dass durch diese Entwurfsstrategie vielfältige, sich ständig wandelnde Uferräume entstanden sind, die sowohl die Nutzungsmöglichkeiten für die Bürger verbessern als auch einen nachhaltigeren Hochwasserschutz bieten. – *Abb. 8*

Ausblick

Die genannten Entwurfsstrategien sind ein kleiner Ausschnitt der Möglichkeiten, die eine landschaftliche Perspektive im Sinne des oben genannten „Landscape Urbanism" bietet. Es gelingt ihnen, die Zeit im Raume mitzudenken, was für die nachhaltige Stadtentwicklung unabdingbar ist, denn in das aus der Forstwirtschaft mit ihrem langen Zeithorizont stammende Wort „Nachhaltigkeit" ist Zeit

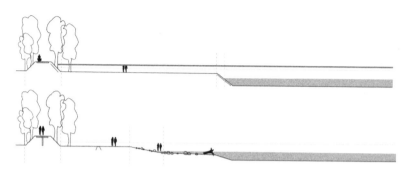

Abb. 7 – Projekt Isarplan (2000 bis heute) – © *Martin Prominski*

eingewoben. Elizabeth Meyer verweist auf die Chancen, die derartig entworfene urbane Landschaften haben. Durch das Aufdecken, Ermöglichen oder Regenerieren ökologischer Prozesse entsteht für sie ein neues Verständnis nachhaltiger Schönheit: „Sustainable beauty arrests time, delays time, intensifies time; it opens up daily experience to what Michael Van Valkenburgh calls ‚psychological intimate immensity,' the wonder of urban social and natural ecologies made palpable through the landscape medium" (Meyer 2008: 19). Wenn wir also Städte durch die landschaftliche, prozessorientierte Linse betrachten, entsteht eine unmittelbarere, reichhaltigere Wahrnehmung der urbanen Ökologien sowie ein anderes Verständnis von Schönheit. Die Auseinandersetzung mit diesem oder auch anderen, neuen Verständnissen von Schönheit ist wahrscheinlich eine der wichtigsten, aber bislang wenigsten beachteten Aspekte der nachhaltigen Stadtentwicklung.

Anmerkungen

Meyer, E. K.: „Sustaining Beauty" In: Journal of Landscape Architecture, 6-23. Herbst 2008

Prominski, M. et al.: „Fluss Raum Entwerfen", Basel 2011

Reichholf, J. H.: „Stabile Ungleichgewichte. Die Ökologie der Zukunft", Frankfurt am Main 2008

Waldheim, C. (Hg.): „The Landscape Urbanism Reader", New York 2006

Abb. 8 – Die Umgestaltung der Isar bietet Freiraum. – *Foto: Martin Prominski*

3

NUTZUNG

UND
STRUKTUR

Nachhaltigkeit als soziale Praxis

Kollektivität und Konvivialität

von Prof. Jesko Fezer

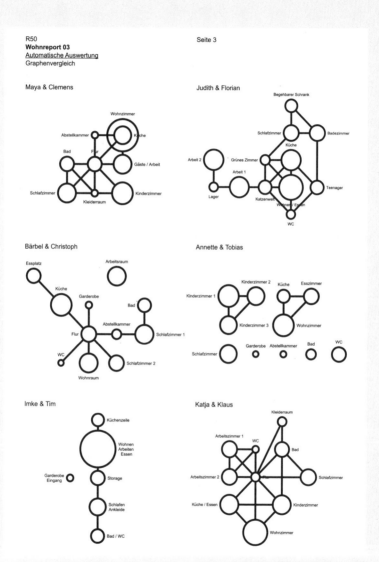

Maya & Clemens

Judith & Florian

Bärbel & Christoph

Annette & Tobias

Imke & Tim

Katja & Klaus

Wohnreporte R30 (Auszug) – Diagramme und Graphen des kooperativen Entwurfsprozesses der Wohnungen und Gemeinschaftsflächen beim Wohnprojekt R50, Berlin *Architekten: HEIDE & VON BECKERATH | ifau und Jesko Fezer*

K lar, Nachhaltigkeit ist richtig und wichtig. Die Ausbeutung der Ressourcen und die Verwüstung der Erde sind zwar wohl schon zu weit fortgeschritten, um deren katastrophale Folgen noch irgendwie abzuwenden. Wir leben mitten in der Umweltkrise und können die weltweiten Effekte einer auf Wachstum und Profit angelegten globalen Ökonomie kaum mehr übersehen – auch wenn sie uns in Mitteleuropa bisher eher indirekt über die Medien oder als Migrationsbewegungen erreichen. Dennoch werden sich auch hier Planer und Entwerfer von einigen lieb gewonnenen Argumenten und Vorlieben gestalterischer Art verabschieden müssen. Maßnahmen zur Reduktion des Energieverbrauchs sowie die Berücksichtigung der Lebenszyklen von Bauteilen und Gebäuden, der Produktions-, Transport- und Einbaubedingungen und der Aufwände der Baumaterialien sind inzwischen unabdingbar notwendige Bestandteile beim Planen und Bauen geworden – alles mehr oder weniger technische Aspekte.

Nachhaltigkeit, sagt man gerne, sei aber mehr – unter Umständen auch sozial. Wenn man die soziale Dimension der Umweltkatastrophe – dass nämlich die Folgen der Umweltzerstörung ebenso wie die Profite aus diesem Prozess ungleich verteilt sind – anerkennt, müsste der Anspruch einer wirklichen Nachhaltigkeit auch eine soziale Dimension haben. Konkret stände eine konsequente Umverteilung von Profiten und Folgen der Umweltzerstörung an. Die Anerkennung dieser nicht auf ein ökonomisiertes Prinzip wie den Emissionshandel reduzierbaren Problematik könnte eine Perspektive auf die andauernde Krise eröffnen, bei der die Fiktion der technischen Lösbarkeit ziemlich schlecht wegkommt. In diesem Sinne soziale Fragen in den Mittelpunkt der Nachhaltigkeitsdebatte stellend, forderte jüngst der US-amerikanische Autor Mike Davis strategisch-optimistisch ein utopisches Denken und Handeln. Er verband dabei die Umweltkatastrophe mit den sich massiv ausweitenden globalen sozioökonomischen Ungerechtigkeiten, die beide durch die Weltwirtschaftskrise in ihrer katastrophalen Tendenz bestärkt würden. Davis fokussierte dabei auf die Stadt: So wie die weltweit rasant fortschreitende Urbanisierung die Ursache dieser beiden Entwicklungen sei, so könne sie auch den Weg zu ihrer Lösung bereithalten. Der sich bereits abzeichnenden Perspektive segregierter Zonen des Überflusses innerhalb einer ansonsten ökologisch und ökonomisch heruntergewirtschafteten Umwelt – ein sehr realistisches Modell, das das neoliberale Prinzip der ungleichen Verteilung von Profit und Folgen beibehält – stellte Davis sein Idealbild einer Stadt gegenüber. In der Fortschreibung der utopisch-ökologischen Stadtkritik der Sozialisten und Anarchisten des frühen 20. Jahrhunderts sowie der sozialen Experimente der frühen Moderne, insbesondere der sozialistischen Stadtkonzepte der sowjetischen Konstruktivisten, sah er einen Ansatz, Städte als Räume des demokratischen Gemeinschaftsdenkens neu zu erfinden.

Die Umwelteffizienz städtischer Dichte und das ökologische Potenzial kollektiver urbaner Systeme bilden die Alternative zur suburbanen Zersiedelung und ihren einer kompetitiven Individualisierung geschuldeten, negativen ökologischen und sozialen Auswirkungen. Davis formulierte einen engen Zusammenhang zwischen Sozial- und Umweltverantwortung, zwischen kommunaler Gesinnung und einem ökologischem Urbanismus und verband so gesellschaftliche und wirtschaftliche Fragen mit den drängenden Umweltproblemen. Die entscheidende Grundlage für eine umweltfreundliche Stadt wären daher weniger neuartige Technologien umweltfreundlichen Städtebaus oder der Gebäudeplanung, sondern der Anspruch, „dem allgemeinen Wohlstand eine Priorität gegenüber persönlichem Reichtum einzuräumen". In diesem kollektiven Charakter der Stadt und ihrer Infrastruktur läge das Potenzial zur Überwindung der sich abzeichnenden sozialen und ökologischen Katastrophe. Nachhaltige Stadtmodelle zu schaffen, erfordert für Davis daher, sich der „Notwendigkeit zu verschreiben anstatt dem

Machbaren" und „eine kompromisslose Bereitschaft, über den Horizont des Kapitalismus hinauszublicken". Gadgets der (technischen) Machbarkeit wie Nullemissionshäuser oder technische Finessen bewertet Davis also im Zusammenhang der globalen Dimension der Krise als eher ablenkende Projekte, die – in ihrer Logik, Probleme isoliert und mittels technischer Innovation zu lösen und gleichzeitig innerhalb der Produktions- und Konsumptionskreisläufe des Spätkapitalismus zu verorten – die Ursachen der Krise verschleiern.

Sein Fokus auf die Notwendigkeit der sozialen Frage in urbanen Kontexten zielt eher auf das Wie des gemeinsamen Wohnens, Lebens, Arbeitens und Konsumierens als auf die technisch innovative Ausgestaltung von Räumen und Geräten für solche Vorgänge, die in ihrer propagierten und praktizierten gegenwärtigen Form selbst auf vielfache Weise nicht nachhaltig sind.

Aber auch, wenn man die technologisch-energetische Innovation als einen notwendigen Bestandteil nachhaltiger Architektur in westlichen Kulturen anerkennt, um bestimmte ökologische Auswirkungen abzumildern oder Prozesse zu verlangsamen, stellt sich auch hier in einem wesentlich enger abgesteckten Rahmen die soziale Frage. Denn spätestens bei der Ermittlung der Kosten einer Technik- oder Materialoptimierung wird die soziale Dimension dann immer doch (praktisch) irrelevant. Man muss es sich nämlich leisten können, umweltfreundlich zu wohnen. Wenn dann, wie in Deutschland jüngst per Gesetz geregelt, die Kosten einer umweltfreundlichen Gebäudeertüchtigung auf die Mieter umgelegt werden sollen, sehen sich diese vielfach gezwungen, in eben weniger nachhaltige und weniger urbane Räume umzuziehen. Das ist mindestens ärgerlich. Soziale Segregation, Wohnungsverlust und erzwungene Mobilität sind weder sozial noch ökologisch akzeptabel.

Hilfreich wäre dagegen ein Nachhaltigkeitsbegriff, der wirklich und unabdingbar die gesellschaftliche Dimension des Umweltschutzes berücksichtigt. Dafür müsste aber auch – unter Berücksichtigung

der globalen Perspektive Davis' ebenso wie der eher lokalen Problematik der sozial getragenen Kostenfolgen gängiger nachhaltiger
Planung – ein anderes Verständnis von Architektur erörtert werden,
bei dem der Nutzen- oder Gebrauchsaspekt intensiverer Untersuchung und Wertschätzung ausgesetzt wird. Architektur wäre hierbei weniger ein Berufsstand zur Optimierung von Gebäudehüllen
und -techniken, sondern eine kulturelle Technik, die den Gebrauch
von Architektur selbst als ökologische und soziale Praxis mitbe-
trachtet. Den Gebrauch – also die soziale Praxis der Nutzung – zu
thematisieren, enthält allerdings (und das macht immer noch vielen Sorgen) eine politische Dimension. Die Auseinandersetzung mit
dem Zusammenhang und Widerspruch von privaten wie kollektiven Begehren und Praktiken berührt im Kern das umkämpfte Feld
des Politischen. Auch die ökologische Frage gehört hier hinein, da
sie nicht wertneutral jenseits gesellschaftlicher Aushandlungspro-
zesse abgehandelt werden kann. Jede Diskussion über soziale und
ökologische (Verteilungs-)Fragen und damit über Vorstellungen
von Leben, Handeln und Gebrauchen ist eine politische.
Einen Hinweis, wie ein solches Prinzip der Gebrauchsorientierung
als ökologische Praxis aussehen könnte, gab der österreichisch-
amerikanische Philosoph und katholische Priester Ivan Illich, als er
1973 *Tools for Conviviality* veröffentlichte – ein Buch, das man alle
paar Jahre wieder lesen sollte, wenn die Bindung (zumindest der
deutschen Ausgabe) nicht so miserabel wäre. Der religiös-radikal-
humanistische Unterton von Illichs Wachstums- und Technikkritik
der härteren Sorte ist zwar gewöhnungsbedürftig, sein Plädoyer
gegen die Entmündigung durch die arbeitsteilige Kultur des Exper-
tentums aber sitzt. In diesem Zusammenhang ist entscheidend, wie
er dabei bereits in den 1970er Jahren Ökologie und politische Selbst-
bestimmung zusammendachte. Aus einer globalen Perspektive heraus benannte er die soziale Dimension der Umweltkrise als das zentrale Problem und machte daraus eine Art Anleitung für Entwerfer.

Durch die Grundstruktur der Werkzeuge, die wir verwenden, würden wir uns im Verhältnis zu anderen und zur Umwelt definieren. Er forderte daher Werkzeuge, die nicht „die persönliche Autonomie zerstören", sondern den „persönlichen Aktionsradius erweitern". Diese Form der Unabhängigkeit der Nutzer im Gebrauch von Werkzeugen zielte darauf, nicht den Menschen zum Material der (industriellen oder auch postindustriellen) Produkte zu machen, sondern eine Anwendungsoffenheit zu schaffen, die nichtintendierte Nutzungspraktiken und damit wirklichen Gebrauch zulässt. Mit dem Begriff Konvivialität (lat. convivere = zusammenleben) zielte er auf eine Technik, die den Gestaltungsraum der Menschen erweitert, statt ihn einzuschränken und dabei das menschliche Zusammensein fördert. Und im Gegensatz zum herrschenden Werkzeug, das für Illich der Logik der industriellen Produktion entstammte, schrieb er dem konvivialen Werkzeug das Potenzial zu, „einen ethischen Wert an die Stelle eines technischen Wertes, einen realisierten Wert an die Stelle eines materialisierten Wertes zu setzen".

Die deutsche Übersetzung mit dem Titel *Selbstbegrenzung. Eine politische Kritik der Technik* unterschlug zwar den Kerngedanken des gebrauchsfähigen und sozialen Werkzeuges, ist aber so falsch nicht. In der Selbstbegrenzung gegenüber den (eben künstlich) produzierten Bedürfnissen und den kapitalistischen Aufwänden zu ihrer Befriedigung liegt ein möglicher Ausgangspunkt, um nicht nur ökologische, sondern auch soziale Gestaltung erst zu denken. Vielleicht wäre es hilfreich, ökologisch und sozial auch wieder mal getrennt zu lesen und nicht im vagen Nachhaltigkeitsdiskurs die wesentlichen Widersprüche, auf die Illich hinwies, zu überspielen. Die freiwillige oder gesetzlich-ökonomisch angeregte On-top-Ökologie, die den Takt der Bedürfniserzeugung eher erhöht als verlangsamt (und damit durch nichtkonviviale Werkzeuge auch niemals zu befriedigen sein dürfte), steht recht widerspruchsfrei in der Produktions- und Konsumptionsideologie des Spätkapitalismus, der zweifellos das

Problem, wenn nicht aufgebracht, so doch erheblich verschärft hat.

Genauso wie dieser Text aus dem Off der Nachhaltigkeitsdebatte geschrieben und recht naiv an Positionen anderer festhaltend argumentiert, wird es mehr als vorläufig bleiben müssen, einige Folgerungen aus dem Versuch abzuleiten, die soziale Dimension der Nachhaltigkeit zu verwirklichen.

Zunächst müsste mal wieder – Davis wie auch Illich folgend – die Kritik der industriell-kapitalistischen Logik der kontinuierlichen Vervielfachung von Konsum- und Produktionsschleifen Teil der Debatte um Nachhaltigkeit werden. Weiter wäre interessant, in welchem Maße Selbstbegrenzung als neue Form der Freiheit ebenso wie Kollektivität als Projekt im Kontext urbaner sozialer Dichte Teil architektonischer Diskurse und Praxen sein werden. Beide Fragen entscheiden nicht nur über die soziale Brutalität, sondern über den Erfolg im Umgang mit Umweltfragen. Als elementar entwerferischer Bestandteil dieser kollektiven und konvivialen Perspektive wäre darüber hinaus eine intensive Auseinandersetzung mit dem Gebrauch und mit der Produktion von Räumen und Dingen nötig. Anpassbarkeit, Reparaturfreundlichkeit, Selbstbaufähigkeit, Aneignungsfähigkeit und Erweiterbarkeit als Kriterien einer Architektur könnten, gerade indem sie sich den vorherrschenden Verbrauchszyklen teilweise entziehen, die ressourcenschonende und gemeinsame Nutzung von Werkzeugen ermöglichen.

Eine andere Frage wird sein, mit welchen anderen als den sehr eingeschränkten technisch-intuitiven Werkzeugen der Architekturpraxis wir der neuen Komplexität der Umweltproblematik angemessen begegnen können. Als selbstreflexive Werkzeuge angelegte Entwurfsmethoden zu erforschen ist dringlich, um der tragischen Architekturdialektik der simplen Fokussierung auf die technische Lösung oder dem Widerstand gegen sie aus gefühlt formalen Gründen zu entkommen. Offen ist nämlich, welche Fragen wirklich gestellt werden müssen, auf welche Weise Architektur in Systeme eingebunden ist, die ihren Handlungsraum strukturieren und beschränken oder wie man die unübersichtliche Gemengelage technischer, formaler, ökonomischer, sozialer und ökologischer Fragen auf einer relevanten Ebene berühren kann. Dazu scheint es mir hilfreich, sich vom eigentlich schon längst aufgegebenen Anspruch der Problemlösung, der aber im Kontext der Nachhaltigkeit – zumindest als technischer – wieder unbeeindruckt neu aufgelegt wird, zu verabschieden. Weniger die Probleme oder gar die Versuche, sie zu lindern, sollen dabei übergangen werden, sondern Entwerfen könnte Problemverhandlung sein, indem es die (ökologischen und sozialen) Probleme der Wirklichkeit benennt, aufgreift, verknüpft, transformiert oder wenn nötig auch zuspitzt.

Resources
of Democratic
Architecture

by Søren Nielsen

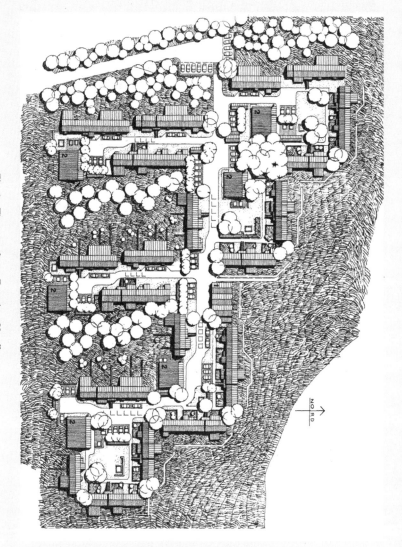

Fig. 1 – Tinggaarden – Drawing: Vandkunsten

The Danish architectural studio Vandkunsten has existed for more than a generation. In all these years, our engagement has been driven by one motivation, in particular: the vision of a participatory architecture supporting informal social community. The following examples show an interesting loop in history, because the sustainability agenda unexpectedly seems to be able to reintroduce long abandoned dreams of open building systems and radical visual qualities generated by user-controlled transformation.

Tinggaarden: The Image Of Democracy

Tinggaarden from 1972, situated in a suburb south of Copenhagen— is the *mother* of all later building and planning by Vandkunsten. It was inspired by the structuralist movement of the late nineteen-sixties, generating social hierarchies by free and organic growth based upon small-scale units built according to individual needs. – *Fig. 1* This was performed as a polemic opposition to the rational post-war, mass-housing industry. This project became a model for Danish housing for a period of twenty years: small scale and low industrial level. Actually this meant a setback for the industrial development, which has caused backfire in the recent years where the sustainability agenda has been introduced and where industrial production has proven to be a part of the solution rather than a part of the problem. Tinggaarden efficiently provided the image of a democratic vision of autonomous individuals organised in super-local councils, constantly changing, exchanging, expanding, and remodelling their homes. Many shared that dream and the place became a well-functioning community for a trendy, leftist segment. A considerable number of the original habitants are still living there. However, the buildings were never altered in any way thanks to the inflexible concrete building system and the early official recognition of the architectural work, which meant that no one was allowed to change anything.

Fig. 2a – Tinggaarden *– Photo: Vandkunsten*

During the following thirty years, the social focus remained central in the works of Vandkunsten but the initial dreams of sharing the design process with the users of the buildings were downsized as part of a more pragmatic attitude towards the monopolistic Danish concrete industry. – *Fig. 2a, 2b* Today, however, an unexpected potential for reviving the dreams of a more democratic building culture is evoked from the need to employ reversible construction and material salvaging as design strategies for resource saving.

Teglværkshavnen: Amenity As Resource Protecting Factor
Sometimes buildings can be sustainable in the long-term sense of the word just by the way they are situated. Teglværkshavnen (2007) is a generic, low-budget, mixed private and social housing scheme. It might be situated in any suburb, but in this specific case it is located on the waterfront. – *Fig. 3, 4a, 4b, 4c, 4d* The building system is the usual prefab concrete system and the housing units offer an average spatial disposition and no particular flexibility. However, everyday luxury is provided for the occupants: the scheme is partly built on pillars in the water with a common, public swim-

Fig. 2b – Tinggaarden *– Photo: Vandkunsten*

ming and boating facility underneath the housing blocks. *– Fig. 5a, 5b* It has a community house at a majestic position at the end of the access promenade through a series of Shinto-red gates. Everyday luxury is provided on a low budget by prioritising the site planning and the complex foundation at the expense of the equipment of the buildings' façades and interiors.

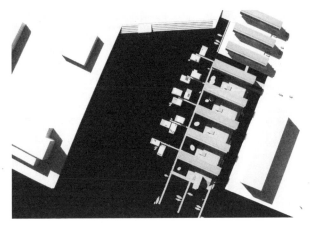

Fig. 3 – Teglværkshavnen, Siteplan *– Graphic: Vandkunsten*

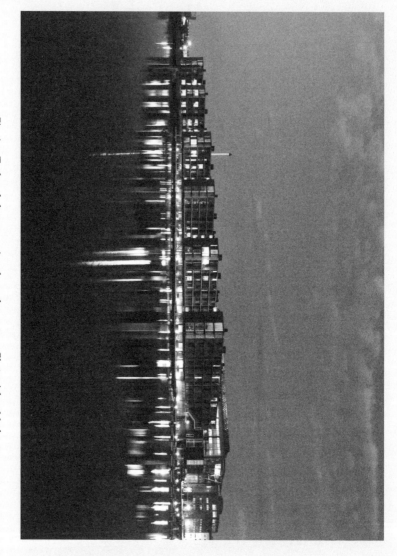

Fig. 4a – Teglværkshavnen, view from the water – *Photo: Adam Mørk*

Fig. 4b – Teglværkshavnen, public swimming and boating facility underneath the housing blocks
Photo: Adam Mørk

Fig. 4c – Teglværkshavnen, public swimming and boating facility underneath the housing blocks

Photo: Adam Mørk

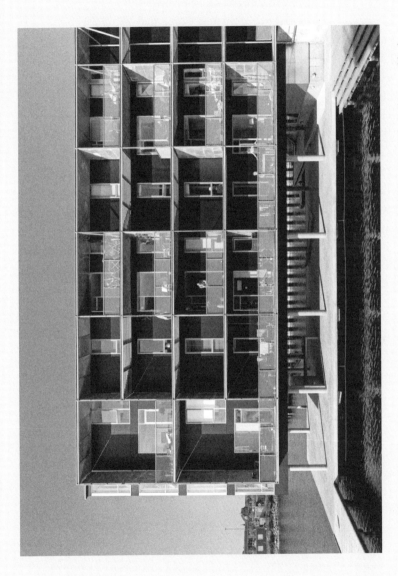

Fig. 4d – Teglværkshavnen, front and public swimming and boating facility underneath the housing blocks
Photo: Adam Mørk

Æblelunden: Adaptability
By Distributing Design Competences

Æblelunden (2008) is a generic housing block and basically a bread-and-butter project for a developer who wanted to offer low-budget privatly owned apartments. The building system, chosen and imposed by the client, is the prevailing Danish pre-cast concrete system, and the façades are sandwich concrete panels with a load-carrying inner-wall panel and an exterior statically passive panel. Despite its tonnage, this system in many cases provides the lowest possible total building costs because the building is rapidly closed and no scaffold is needed. The building has low-energy consumption for operations due to the compact volume. The more subtle sustainability strategy is to allow future changes by leaving the interior space division to the occupants. We tested scenarios by letting members of our staff at Vandkunsten design an apartment each according to their individual needs. This procedure resulted in a number of examples that were later used in the marketing. By stepping down from the traditional position of the architect, a life-prolonging robustness of the building was demonstrated. As architects, we chose to spend all of our efforts and salary adding exterior identity to the building, by articulating the rough façade system into a characteristic jigsaw-puzzle-like assembly pattern.

Focus On Reversibility

This distribution of design competencies is a strategy for maximum protection of the energy capital in a building erected within a static, non-reversible building regime like concrete with cast connections. From an idea position, however, one important aspect of sustainability is missing with the pre-cast concrete building system, which constitutes the structural platform in most of Vandkunstens' buildings: reversibility of construction enabling reuse or recycling of building elements. This agenda is raised by the fact that the energy consumption needed for operational purposes such as heating and HVAC-systems is being brought under control due to high insulation standards and air-tight assembly. This shifts the focus of CO_2 reduction towards energy consumption for building processes such as mining, manufacturing, construction, and lifetime maintenance operations, which constitute a substantial part of the total building related energy. The energy for building processes is embodied in the constructive organisation and materials of buildings and can be considered as CO_2 capital worth protecting, by employing strategies for durability. Reversible construction is the most prominent technical strategy, since it enables buildings to be transformed, adapted to new use, or to be disassembled and reused in parts.

Bolig+: Adaptability Is The Key To Survival

Bolig+ was a 2009 competition proposal for a residential scheme in Aalborg. The brief was aiming towards energy neutrality but focused only on operational parameters, so we decided to expand the scope to include process parameters. Two main strategies were implemented with didactical consequence:

1) An adaptable spatial composition with maximum versatility allowing functional conversions over time, e.g., between residential and working purposes. This resulted in a generic warehouse typology with a central spine of access and conducts.

2) Technical adaptability by means of a strictly hierarchical organisation of building parts assembled according to various lifecycles. This resulted in a distinctly layered building that might easily be changed by shifting occupants or owners. A disassembly diagram was developed in order to document the technical adaptability and the reusability of the building parts and components. With its capacity for transformation, the Bolig + scheme might exhibit a significantly fluctuating visual identity that is beyond the control of the original architectural designers. – *Fig. 5a, 5b, 5c, 5d*

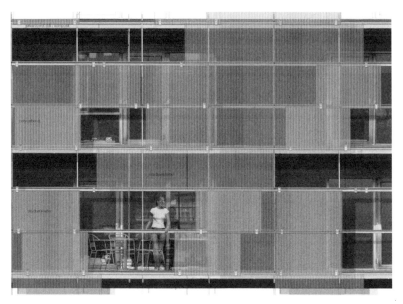

Fig. 5a – Bolig+, façades – *Graphic: Vandkunsten*

The Potentials Of Reversible Construction

Tectonic potential: The reversible construction principles inspire the investigation of a field that might be named "tectonics of mechanical connections." In the industrial montage, the tectonic — defined as the meeting of elements in the joint — represents the core of architectural articulation of buildings. The poetics of disassembly will evolve, mostly in the scale of the detail, in which components such as clamps, winged screws, springs, and consoles will be important components in the architectural vocabulary. The paradigm of reversibility unfolds on skins and surfaces, on treatment of materials, profiling of components, and above all in joints and connections.

Industrial potential: Reversible construction methods establish a lo-gistic infrastructure suitable for a distributed production of building parts. The assembly hierarchy and the mutual independency of elements will fertilise the market for specialised and optimised sub-delivery products.

Fig. 5b – Bolig+, façades – *Graphic: Vandkunsten*

Democratic potential: With reversible construction, the users obtain a radically increased degree of freedom to reconfigure the buildings. When conversions to new or changed functions are made easier and cheaper, changes may happen with a higher frequency. The original design from the architect's hand will be elaborated and the value of the authorship to the architectural opus will be reduced as arbitrary altering by the users soon to make their marks on the building. These changing conditions for architectural authorship will force architects to imagine their designs as frameworks for dynamic scenarios. Architecture must base its aesthetics upon a concept of beauty different from that of the fully controlled opus, and learn how to arrange conditions for change in such a way that attractive spaces and visual beauty can be achieved.

Fig. 5c – BBB Kvistgard, terraced houses, Vandkunsten 2008 – *Photo: Adam Mørk*

Conclusion: 1972 Revisited

Whereas the radicalness of the Tinggaarden scheme was not honoured by the building system, the focus on energy saving in building processes might lead to a development of both a reversible construction technology, and a change in attitude towards the nature of architectural design. A building becomes a dynamic project rather than a static object; a work that unfolds gradually and unpredictably over generations of time by means of industrially produced reversible systems enabling an extensive reuse of components and materials. If the architectural profession embraces reversible assembly methods, a great leap forward can be taken towards a new democratic and sustainable building culture with a powerful visual potential.

Fig. 5d – BBB Kvistgard, Vandkunsten 2008 – *Photo: Adam Mørk*

Mobile Immobilien

von Prof. Gerhard Kalhöfer

Abb. 1 – Fahrt ins Grüne, Fest zum Herausschieben des Hauses, Kalhöfer - Korschildgen, Architektur,
mobile Erweiterung eines bergischen Fachwerkhauses, Lüttringhausen, 1997, Mitarbeiter Andreas Hack

Foto: Gerhard Kalhöfer

Differenzierungsfalle und Raumausdehnung
Pragmatisch gesehen geht es beim Bauen im Bestand darum, das Leben von Gebäuden mit einer weiteren Nutzungszeit zu verlängern. Bei der Revitalisierung vorgefundener Gebäude geht es immer um technisch-funktionale Aktualisierungen. In den meisten Fällen bekommt das Gebäude eine bisher unbekannte Nutzung, die oft viel komplexer als die ursprüngliche ist. Eine Kontinuität für das Gebäude ist nur durch eine radikale Veränderung des Vorgefundenen möglich. Mit den zusätzlich gewonnen Kenntnissen über die Potenziale des Ortes und des Programms erweitern sich zudem im Laufe des Planungsprozesses die Ansprüche der Bauherren. Das vorhandene Flächenangebot gerät in diesem Zusammenhang zwangsläufig in Konflikt mit den neuen Wünschen. Statt zu optimieren, das heißt Programmpunkte zu streichen oder zu reduzieren und letztendlich eine Angebotsverknappung herzustellen, versuchen wir hier immer eine „Sowohl-als-auch"-Strategie anzuwenden. Wir wollen ein Maximum an Anforderungen, an räumlicher Nutzung und Qualität auf dem begrenzt vorhandenen Raum zur Verfügung zu stellen. Notwendig ist daher eine genaue Kenntnis und Analyse von Funktionen und deren Abläufen in Bezug auf die Menschen im zukünftigen Gebäude. Im zweiten Schritt geht es darum, räumliche Schnittmengen der Nutzungen und Einsparpotenziale auszuloten. Können sich zeitlich ablösende Funktionen nicht an gleicher Stelle geplant werden? Wie stark kann man den Bau funktional verdichten und dadurch Raum einsparen?

Architektur und Gesellschaft unterliegen einem gemeinsamen Innovations- und Evolutionsdruck. Damit ist eine permanente Aufgliederungs- und Vervielfältigungstendenz verbunden, in deren Folge Zusammenhänge aufgehoben und neu bzw. genauer definiert werden. Das bedeutet in der Architektur immer mehr Programm. Üblicherweise wird eine Erweiterung und Vergrößerung des Programms durch mehr Flächen erreicht – ich nenne das „Erweiterung nach Außen". Mobilität ist kein formaler Ansatz, sondern ein rein pragmatischer Ansatz: eine Ausdehnung des Programms in die umgekehrte Richtung – nach innen. Letztendlich kämpfen wir durch mobile Architektur gegen die dem Planungsprozess eigene Ausdehnung des Raumes.

Architektonische Mobilität ermöglicht eine erneute Verbindung der im Differenzierungsprozess voneinander getrennten Funktionen, ohne ihre jeweiligen Eigenschaften und Vorteile aufzulösen und zwangsläufig mehr Fläche in Anspruch zu nehmen. Sie ist eine Klammer, in der unterschiedliche, sogar widersprüchliche Funktionen nebeneinander existieren können. Darüber hinaus ist sie eine andere Strategie, dem Zwang einer permanenten Differenzierung aller Bereiche und Teile gerecht zu werden. Mobilität komprimiert Funktionen auf einem begrenzten Raum. Dieser Raum ist elastisch und dehnt sich je nach Gebrauch aus oder zieht sich wieder zusammen. Dabei können mehrere Funktionen in einer Art Servicefläche zusammengefasst werden. Die Zugangsfläche liegt außerhalb und ist Teil eines multifunktionalen Raumes. Je mehr Funktionen zusammengelegt werden, desto mehr Zugangsfläche wird eingespart. Louis Kahn hat das den Bezug zwischen „dienendem und bedientem Raum genannt". Mobilität in unseren Projekten verstehe ich daher immer als einen flächen- und ressourcenschonenden Umgang mit dem Vorhandenen unter Beibehaltung oder sogar Ausdehnung eines differenzierten Angebots.

Kulturelle Kontinuität

Unser Ansatz scheint in erster Linie ein funktionaler zu sein, der in den 1960er Jahren verhaftet ist. Die Reduktion auf eine rein funktionalistische Sichtweise greift aber zu kurz. Uns interessieren mehr Aspekte am Bauen – sowohl die Komplexität der funktionalen als auch der inhaltlichen Gegebenheiten ist uns wichtig. Unser Ziel ist, beim Bauen im Bestand auch die inhaltliche Vielfalt des Vorgefundenen zu erhalten und zu erweitern. Wir erhoffen uns in der Konfrontation von Alt und Neu mehrdeutige Gebäude. Bestandsgebäude sind immer auch Erinnerungs- und Gedächtnisräume, in denen sich die architektonische Zeit in unterschiedlichen Formen und Konstruktionen verdichtet. Diese spiegeln Ansprüche und Ideen der jeweiligen Gesellschaften und deren Institutionen wieder. Daher ist die Annäherung an den Bestand nicht allein eine pragmatische Frage, sondern setzt auch eine intensive Beschäftigung mit ihrer Geschichte und den jeweiligen gesellschaftlichen Vorstellungen voraus. Das wird umso wichtiger, erweitert sich das klassische Aufgabenfeld einer Restaurierung um eine Ergänzung oder Revitalisierung.

Die Hauptarbeit am Beginn ist immer eine intellektuelle Arbeit: Das Wesentliche eines Gebäudes zu erkennen – baulich wie auch „überbaulich". So entsprechen die vorgefundenen Bauformen eher Codes, welche die Informationen der jeweiligen Zeit bergen und die man herauslösen und entdecken muss. Ein historisches Gebäude bietet mehr als das, was man unmittelbar sieht. Grundsätzlich ist die Haltung in unserem Büro immer von Respekt vor dem vorgefundenen Bauwerk geprägt. Sehr handwerklich arbeiten wir zuerst an einer vorsichtigen Befreiung von Überformungen und der Rückführung auf wesentliche, strukturelle Elemente des Gebäudes. Der bauliche Wesenskern muss herausgearbeitet werden. Notwendige moderne Ergänzungen lassen ein selbstbewusstes Nebeneinander von unterschiedlichen räumlichen und zeitlichen Schichten entstehen. Nicht nur im Sinn einer formalen Auseinandersetzung, sondern auch und gerade in Bezug auf inhaltliche Diskussion.

Es geht darum, durch das Neue vergessene Inhalte des Bestands freizulegen und mit Inhalten zu verbinden, in denen sich unsere Gegenwart spiegelt – denn Gebäude werden „körperlich und geistig begangen" (Adolf Arndt: Vortrag „Demokratie als Bauherr"). Bauen im Bestand rettet historische Informationen für die Zukunft und ist insofern ein sensibles und nachhaltiges Umgehen mit dem Vorhandenen.

Abb. 2 – Fahrt ins Grüne, Fest zum Herausschieben des Hauses
Foto: Gerhard Kalhöfer

Nulldistanz und Emotion

Ein weiterer Aspekt in Bezug auf nachhaltiges Planen ist die besondere Nähe mobiler Immobilien zum Nutzer. Mobile Immobilien gehen intensiver auf spezifische Situationen und den jeweiligen Nutzer ein. Dadurch sind sie in der Lage, weitaus größere emotionale Bindungen zum Nutzer aufzubauen als herkömmliche Immobilien. Die interaktiven Elemente schaffen unverwechselbare räumliche Situationen und Erlebnisse, die eine langfristige Identifikation mit der Architektur ermöglichen. In diesen Gebäuden erfährt der Nutzer mehr als der, welcher besitzt.

Auf die üblichen formalen „Beeindruckungsmechanismen" verzichten mobile Architekturen. Ausgangspunkt ihrer Gestaltfindung ist die Nutzung nicht die Form. Der andere Entwurfsprozess führt zu keinen stilabhängigen Formalismen. Die gefundenen Lösungen ermöglichen etwas, statt rein zu repräsentieren. Das hat Auswirkungen auf die Art der Nutzung und das Selbstbewusstsein des Nutzers. Wer seinen Raum durch Wechselbeziehungen mit dem

Objekt verändern kann oder in Bewegung bringt, hat keinen devoten Respekt vor einer gestalteten, perfekten Architektur, er kommuniziert und interagiert. So entsteht eine distanzlose Bindung zwischen Nutzer und Raum, die länger währt als formale Moden oder Geschmack.

Die zudem fehlende Monumentalität einer über den formalen Ansatz entwickelten Architektur ermöglicht eine fast gelöste Beziehung zum Gebäude. Das Ungewohnte eines Baues, der sich in seiner Bewegung gleichsam selbst infrage stellt, löst Erstaunen aus. Die Tatsache, dass ein Haus oder Teile davon beweglich sind, verstehen seine Bewohner nicht allein als konsequent konzeptionell, sondern vor allem als demokratische Teilhabe. Das Haus ist kein Objekt, sondern durch seine Bewegung ein lebendiger, gleichberechtigter Kommunikationspartner. Mobile Architektur ist nicht nur ein praktischer Raum vielfältiger Möglichkeiten, sondern vor allem ein Gefühl der Nulldistanz, die sich im Lachen der Bauherren auf den Besprechungen, mit den Handwerkern auf der Baustelle und in der Freude der Bauherren auf den Festen ausdrückt, wenn sie das Projekt in Bewegung erleben. Nulldistanz zieht 100 Prozent Identifikation nach sich. Die Nachhaltigkeit mobiler Immobilien besteht für uns darin, dass lebensnahe und langfristige Bindungen zwischen kommunizierenden Partnern – Bau und Bauherr – aufgebaut werden.

Um die Akzeptanz sicherzustellen, müssen einfache Lösungen angeboten werden, denn Hightech überfordert. Sie ist den Bauherren unverständlich, da ihr Funktionieren nicht sichtbar und klar ist. Zudem soll ja gerade nicht Arbeit abgenommen werden. Der Reiz mobiler Architektur liegt für den Nutzer ja gerade an der Bewegung, an der er teilnimmt. Der Einbau von bekannten, alltäglichen Bauteilen hilft, den Gebrauch zu garantieren. Die Aneignung eines Projekts erleichtert sich durch die bessere Einbindung des Nutzers in den Veränderungsprozess. Er muss die Technik in Gang setzen und die Kontrolle der Technik über ihren Verlauf ausüben können. Nur

im aktiven Erleben des Veränderungsprozesses wird das Projekt zu seinem eigenen. Die Wandelbarkeit muss verständlich und plausibel, die
unterschiedlichen Angebote und die Zielfunktionen müssen leicht zu
erkennen sein.

Meistens sind es die Bauherren, die auf mechanisch nachvollziehbaren
Komponenten bestehen. Sie denken dabei nicht nur an eine unkompli-
zierte, schnelle Bedienung, sondern vor allem an ein robustes Objekt. Für
sie sind Lebensdauer und Nachhaltigkeit die vorrangigen Kriterien. In
den meisten Fällen erfolgt die Bedienung daher manuell, auch wenn eine
Motorsteuerung eine realistische Alternative darstellt Die unkomplizier-
te Technik wird oft aus anderen Bereichen in das Projekt transferiert. Die
Verfremdung führt nebenbei zu einer gewollten Irritation der Nutzer
und zur Vermeidung eingefahrener Handlungen und Nutzungsrituale.
Die Anwendung erhält durch die Mischung von rationalen und irratio-
nalen Momenten zudem eine sinnliche Spannung und ein spielerisches
Element. Genau hier trifft das Objekt auf eine Gesellschaft, die
Konsum nicht nur zur Befriedigung des Notwendigen, sondern auch
emotional benötigt. – Abb. 1, 2

Alle drei Ansätze – der pragmatische, der kulturelle und der nutzungs-
orientierte – führen letztendlich zu einem vorsichtigen, bestandssi-
chernden Umgang mit den Gebäuden. In diesem Sinn ist der Begriff
der Nachhaltigkeit ein ganzheitlicher – mit historischen, funktionalen
und emotionalen Aspekten.

Zimmer mit Aussicht

Im Zuge einer energetischen Sanierung einer Doppelhaushälfte aus
den 1970er Jahren wünschten die Bewohner auch die Zugänglichkeit
ihres Flachdaches. Eine mobile Trennwand zwischen den Arbeitszim-
mern der Bauherren im Obergeschoss kann vertikal auf die Dachfläche
gefahren werden und dient dort als atmosphärischer und funktionaler Hintergrund für die Zeit im Freien. Die Trennwand fasst auf ihrer
Rückseite die notwendigen Gartenmöbel, die im Winter nicht in den

Keller getragen werden müssen. Wird die Terrasse nicht genutzt, wird die Trennwand wieder abgesenkt und der Zwischenraum des Treppenaufgangs zum platzsparenden Stauraum für die Gartenmöbel. – *Abb.* 3

Abb. 3 – „Zimmer mit Aussicht", Kalhöfer - Korschildgen, Architektur, mobile Dachterrasse, Köln Lövenich, 10/2008, Mitarbeiter Philip Braselmann, Kommunikation im Raum: Kalhöfer & Rogmans, Marc Rogmans, Tragwerksplanung: Jürgen Bernhardt – *Fotos: Jörg Hempel Photodesign*

Social Indicator *(Nicht realisiert)*

In vielen unserer mobilen Projekte sind die spezifischen Ansprüche des Bauherrn der Ausgangspunkt für ein Konzept. In einem Projekt von 2010 drückt ein multifunktionaler Raumkörper das soziale Leben des Bauherrn aus, indem er die Funktionen von Treppe, Küche und Esstisch miteinander verbindet und räumlich verdichtet.

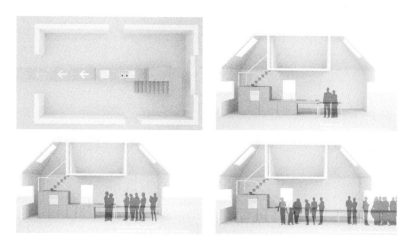

Abb. 4a,b,c, d – „Social Indicator", Umbau eines 70er Jahre Hauses, Kalhöfer - Korschildgen, 2010, Mitarbeiter Eduard Spiegel, Tobias Roth, Kalhöfer & Rogmans,
Kommunikation im Raum – *Darstellung: Kalhöfer - Korschildgen, Architektur*

Ein aus dem Volumen ausziehbarer, sechs Meter langer Esstisch reagiert auf den sich ständig ändernden Platzbedarf. Er ist der zentrale Indikator der sozialen Aktivität. An ihm können je nach Anlass
bis zu 23 Personen Platz nehmen. Durch seine Verlängerung bis auf
die Terrasse löst er in seiner Maximalgröße die Trennung zwischen
Innen- und Außenraum auf. – *Abb. 4a, 4b, 4c, 4d*

Moving Icon
Für die Arbeitsgemeinschaft Historische Stadt- und Ortskerne in
NRW soll ein mobiler Infopavillon entstehen. Das Satteldach ist
die Ikone regionalen Bauens und Symbol regionaler Verbundenheit
und formaler Ausgangspunkt des Entwurfes. Moving Icon ist die
zeitgenössische Version des Archetyps und die Interpretation der
populären Allerweltsarchitektur von vier Wänden und einem Dach.
Präsenter Monolith und wandelbares Objekt zugleich ist Moving
Icon Sinnbild der Veränderung einer Region durch die Regionale,
die sich in seiner räumlichen Differenz von Geschlossenheit hin zu

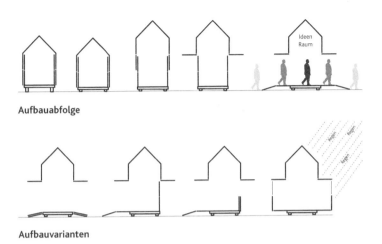

Aufbauabfolge

Aufbauvarianten

Abb. 5 – „Moma B", Kalhöfer - Korschildgen, Architektur, Mitarbeiter Tobias Roth,
Kalhöfer & Rogmans, Kommunikation im Raum,
Dinnebier Licht Silvia Quintiliani, Lichtgestaltung , Realisierung 11/2012
Darstellung: Kalhöfer - Korschildgen, Architektur

Offenheit widerspiegelt. Moving Icon macht einen Prozess sichtbar und ist sinnliches Objekt maximaler Wandelbarkeit, an dessen
Ende ein räumlich befreites, lustvolles, farbiges, landschaftliches
Erlebnis möglich wird. Im Blick ist eine fließende Begehbarkeit und
vielschichtige räumliche Disposition für die Unterschiedlichkeit
vorstellbarer Situationen. – *Abb.* 5 Darüber hinaus eine entschwe-
bende Ikone, die zum abstrakten Raum von Ideen und Wünschen
wird und sich aus der gleichförmigen Höhe umgebender Volumen
heraushebt. Moving Icon ist dank ihrer transluzenten Hülle eine in-
teraktive Medienhaut – im offenen wie geschlossenen Zustand die
ganze Nacht hindurch. Moving Icon lenkt den digitalen Datenfluss
regionaler Nutzer per SMS oder E-Mail auf seine Außenhaut und
informiert über die Vielfalt der Region mit nüchternem Datenmate-
rial oder emotionalen Alltagserfahrungen.

Anmerkugen: [1] *Vilém Flusser: „Nomaden erfahren –Sesshafte besitzen"*
zitiert nach Arch+

Drei Strategien für ganzheitliche Wohnkonzepte

von Sebastian El khouli und Hans Drexler

Abb. 1 – Minimum Impact House – *Foto: Daniel Jauslin*

Planungsstrategien zwischen Technologie und Baukultur
Auch wenn das nachhaltige Bauen das wichtigste Einzelthema der aktuellen Architekturdiskussion ist, sind bei vielen Protagonisten, die sich zu den Themen äußern, in Methoden und Ergebnissen wenig Unterschiede zu den business-as-usual-Planungen zu erkennen. Zum einen fehlen Architekten- und Planerstrategien und -methoden um die Themen des nachhaltigen Bauens in die Planungsprozesse zu integrieren. Zum anderen besteht aber auch ein latenter Widerstand gegen das Thema: Nachhaltigkeit und Energieeffizienz werden als Einschränkung oder Hemmschuh empfunden, durch den die Freiheit des kreativen Prozesses eingeschränkt wird. Energiekennwerte, Fensterflächenanteile, Benchmarks, Lebenszykluskosten und Zertifizierungen scheinen wie ein Gewirr von Strängen, dass die Architekten in ihrer kreativen Entfaltung behindert wie eine Zwangsjacke.

Aus diesen als Zwang empfundenen Fragestellungen heraus wird ein Gegensatz zwischen Baukultur und Nachhaltigkeit herbeigeredet. Bezeichnenderweise wird in dieser Konstruktion der Begriff der Kultur auf das Ästhetische, das Gestalterische reduziert. Diese Einschätzung geht von der falschen Annahme aus, dass die Themen des nachhaltigen Bauens neue Anforderungen darstellen. Tatsächlich müssen Fragen der Nachhaltigkeit immer beantwortet werden, nur eben auf eine mehr oder weniger intelligente Art und Weise. Architektur kann sich nicht mehr als theoretische und selbstreferenzielle Disziplin verstehen, die von der Bürde des Bauens, von den menschlichen Bedürfnissen, von dem klimatischen und gesellschaftlichen Kontext befreit wurde, sondern die stattdessen mit ihnen aufgeladen wurde. Architektur ist keine freie Kunst, die sich in einem Raum ohne Kontext frei entfaltet. Ihr Reiz besteht genau darin, dass sie in einem engen Dialog steht mit einem räumlichen, städtebaulichen, aber auch klimatischen, sozialen, kulturellen und

Abb. 1b – Townhouse Landskrona. Elding Oscarson – *Foto: Hans Drexler*

historischen Kontext. Ein Gebäude kann nicht als abgeschlossene Einheit gedacht werden. Es steht in einem fundamentalen, systemischen Zusammenhang mit seinem Kontext. In der Diskussion um das nachhaltige Bauen werden genau die Verknüpfungen thematisiert, die Gebäude notwendigerweise immer herstellen. Am deutlichsten erkennbar werden diese Verknüpfungen im sozialen Bereich. Die Beziehungen zwischen den Menschen, die in den Gebäuden leben spielen wieder eine zentrale Rolle, ebenso wie Gebrauchstauglichkeit und Behaglichkeit der Räume.

"You never change things by fighting the existing reality. To change something, build a new model that makes the existing model obsolete." – *Buckminster Fuller*

Aus unseren Projekten und Forschungsarbeiten haben wir gelernt, dass aus diesen Fragestellungen spannende Entwurfsthemen und Architekturkonzepte entstehen können, dass die Beschäftigung mit den kontextuellen Verknüpfungen der Architektur wie ein Katalysator wirken kann, durch den ein Entwurf an Tiefe und Bedeutung gewinnt. Nachhaltiges Bauen bezieht sich auf Körperlichkeit und Materialität der Architektur, sie meint Sinnlichkeit, steht im Zusammenhang mit Atmosphäre, Raumwahrnehmung und Authentizität der Architektur. In diesem Sinne ist es keine Einschränkung, sondern eine Erweiterung des Begriffes auf gesellschaftliche und kulturelle Aspekte – ohne die ökologischen und energetischen deshalb aufzugeben oder zu hinterfragen.

Drei Strategien des nachhaltigen Bauens

Minimum impact: Die aktuellen ökologischen, ökonomischen und sozialen Probleme unserer Zeit sind entstanden, weil durch unseren exzessiven Konsum die vorhandenen Ressourcen überbeansprucht werden. Die Verknappung der Ressourcen führt zu höheren Preisen, Unterversorgung und sozialer Ungerechtigkeit. Der übersteigerte Konsum geht mit untragbaren Emissionen von Schadstoffen und Abfall einher. Die offensichtliche Lösung dieser Probleme ist, den Konsum und die Emissionen auf ein vertretbares Maß zurückzuführen.[1,2]

Auch im Bereich der Architektur wird diese Strategie diskutiert. Die schärfsten Kontroversen löste in jüngster Vergangenheit das Passivhauskonzept aus, das den Heizwärmebedarf und Primärenergieverbrauch begrenzt. In der Schweiz hat sich ein vergleichbarer Ansatz mit dem Minergie-System durchgesetzt. Umfassender betrachtet wird das Problem bei dem Konzept der 2000-Watt-Gesellschaft.[3] Hier sollen Energieverbrauch und Treibhausgasemissionen auf ein global einheitliches, vertretbares Maß zurückgeführt werden: 2000 Watt Energiebedarf pro Kopf (Dauerleistung) und eine Tonne CO_2-Ausstoß pro Kopf und Jahr. Aus diesem übergeordneten Ziel werden dann Anforderungen an die einzelnen Sektoren, unter anderem auch an das Wohnen, abgeleitet. Allen diesen Ansätzen ist gemein, dass sie eine drastische Reduktion des Verbrauchs und der Emissionen im Bereich Faktor fünf bis zehn fordern. Solche Reduktionen können zum einen durch deutliche Steigerungen der Effizienz, zum anderen durch die Reduktion der Bedarfe erzielt werden. Im Forschungsprojekt „Minimum Impact House" – *Abb. 1*, das Drexler Guinand Jauslin Architekten zusammen mit dem Fachgebiet Entwerfen und Energieeffizientes Bauen der TU Darmstadt durchgeführt hat, wurde versucht, die Gesamtheit der Umweltfolgen am Beispiel eines Prototypenwohngebäudes nachzuvollziehen. Derzeit beschränken sich die gesetzlichen Vorgaben zur Begrenzung der Umweltfolgen auf den Betrieb der Gebäude. Die Studie ergab, dass bei energieeffizienten Gebäuden, deren Energieverbrauch im Betrieb deutlich geringer ist, die Energie, die für Herstellung, Instandhaltung und Rückbau aufgewandt wird (Graue Energie), eine entscheidende Rolle spielt. Auch diese Aspekte werden dementsprechend bei dem Projekt „Minimum Impact House" analysiert und optimiert. Neben dem Betrieb wurden auch die Baukonstruktion inklusive Herstellung, Instandhaltung und Rückbau sowie Standortfaktoren wie Landverbrauch und Mobilität mit einbezogen. Die Beurteilung der Umweltfolgen der Baukonstruktion erfordert andere Planungsinstrumente. In einem iterativen Planungsprozess wurden die Ergebnisse einer Ökobilanzierung genutzt, um die Planung und Baukonstruktion anzupassen und das Gebäude in Hinblick auf seine Gesamtwirkung zu optimieren.

Kernstück der Untersuchung ist eine vergleichende Ökobilanzierung. Hier wurden die Umweltfolgen des Prototyps mit denen eines typischen Gebäudes in konventioneller Bauweise in einem neu erschlossenen Siedlungsgebiet im Norden Frankfurts verglichen. Das Ergebnis der Studie ist, dass der Prototyp nur etwa ein Drittel der Emissionen verursacht, von denen die Mobilität noch immer den größten Teil ausmacht.

Ein Faktor, der bei der Bewertung von Gebäuden häufig vernachlässigt wird, ist der Standort: So führen die bessere Infrastruktur und die kürzeren Wege in der Innenstadt zu wesentlich weniger

Folgeverkehr als am Stadtrand. Auch können die meisten Wege umweltfreundlich zu Fuß, mit dem Fahrrad oder mit öffentlichen Verkehrsmitteln erledigt werden. Der größte Vorteil einer innerstädtischen Nachverdichtung ist jedoch der geringe Landverbrauch. Ein Ergebnis des Forschungsprojekts war, dass bei den neuen Siedlungsgebieten der Löwenanteil des Landverbrauchs nicht durch die eigentliche Baumaßnahme entsteht, sondern durch die Errichtung der Infrastruktur wie Straßen, Bürgersteige und öffentlicher Gebäude, die in der Studie auf jeden Bewohner anteilig umgerechnet wurden. Gleichzeitig ging es aber auch darum, neue Bautypologien für enge innerstädtische Restflächen zu entwickeln. Das Gebäude ist auf einer Grundfläche von nur 29 Quadratmetern errichtet und hat eine Wohnfläche von 150 Quadratmetern. Dementsprechend sind die Räume vertikal organisiert. Die räumlichen Beziehungen, die in einer konventionellen Wohnung in der Ebene über horizontale Bewegungen und Blickbeziehungen zwischen den Räumen entstehen, werden im Minihaus über vertikale Bezüge hergestellt. Durch Ein- und Ausblicke zwischen den Geschossen und in den Stadtraum wird die Wohnung als ein kontinuierlicher Wohnraum wahrgenommen und der Stadtraum wird optisch mitbewohnt. Durch diese räumliche Organisation erscheint das Gebäude wesentlich größer, als es seiner Fläche nach ist, was sich positiv auf den Ressourcenverbrauch auswirkt.

Less bad is not good[4]

Die Reduktion negativer Folgen um ihrer selbst willen oder um die Menschheit oder den Planeten zu retten, ist keine Motivation, die erkennbaren Einfluss auf das Verhalten der Menschen hat. Dies mag man bedauern und beklagen. Die Tatsache bleibt, dass eine Verhaltensänderung im Allgemeinen nur durch politische, wirtschaftliche oder gesellschaftliche Zwänge oder aber durch positive Motivation entsteht. Genau hier liegt auch die Schwäche des Minimum-Impact-Ansatzes: Auch wenn die Effizienzsteigerung – auf einem abstrakten

Abb. 2 – „Sunlighthouse", Hein Troy Architekten *– Foto: Sebastian El khouli*

Level – als positiv empfunden wird, bietet sie darüber hinaus wenig erlebbaren Mehrwert. So werden auch die Themen des nachhaltigen Bauens bei den Architekten, Planern und Nutzern sich nur dann durchsetzen, wenn über die Reduktion hinaus ein erlebbarer Zugewinn an Wohnqualität entsteht. Ein Beispiel für diese Konzeption ist das Sunlighthouse in Pressbaum bei Wien von Hein Troy Architekten, das die Argumentation des Passivhausgedankens umkehrt, ohne sie dabei grundsätzlich infrage zu stellen. – *Abb. 2* Das Passivhauskonzept beschränkt sich primär auf eine Minimierung des Heizenergiebedarfs. Fenster werden vor allem als Energieverlustflächen angesehen und auf ein sinnvolles und verträgliches Maß begrenzt. Die Folge dessen ist die stärkere Trennung von Innen- und Außenraum, die häufig den vorherrschenden Wohnbedürfnissen widerspricht.

Die Idee des „Active House" besteht im Gegensatz zum Passivhaus darin, ein ausgeglichenes Verhältnis von Energiegewinnen und -verlusten, von Bedarfen und Erträgen zu erzielen, ohne den Weg dahin, durch die Vorgabe einzelner Kennwerte unnötig einzuschränken. Die Fenster sind in diesem Verständnis nicht primär Energieverlustflächen, sondern werden vielmehr zu einem zentralen architektonischen Element – als passive Solarkollektorflächen, um die Innenräume optimal mit Tageslicht zu versorgen und um gezielte Blickbezüge zu schaffen. Die Steigerung der räumlichen Qualitäten wird neben der Reduktion der negativen Auswirkungen zum gleichberechtigten Ziel. Das Gebäude ist damit nicht nur über den gesamten Lebenszyklus CO_2-neutral, sondern ist auch ein räumlich komplexes und vielschichtiges Gebilde, das sich erfolgreich der vorherrschenden Kompaktheitsdoktrin widersetzt. Die Volumetrie entsteht als direkte Reaktion auf den räumlichen und klimatischen Kontext. Die Kombination aus materieller Homogenität und räumlicher Komplexität führt zu einem faszinierenden didaktischen Gebäude, dessen energetische Strategie sich gestalte-

Abb. 3 – „Sunlighthouse", Hein Troy Architekten *– Grafik: Velux*

risch manifestiert und ablesbar wird. Durch die gestalterische Integration der PV-Anlage und der Solarkollektoren in die Dachfläche
werden auch die technischen Bauteile zu einem Teil der primären
Gebäudehülle. In der Jahresprimärenergiebilanz produziert das
„Sunlighthouse" Überschüsse, die dazu führen, dass das Gebäude
nach circa 30 Jahren Betrieb eine ausgeglichene Energiebilanz unter Einbeziehung des gesamten Stromverbrauchs und der zur Erstellung des Gebäudes benötigten Grauen Energie vorweisen kann.
Einzig seine Lage in einer der üblichen Vorortsiedlungen mitteleu-
ropäischer Großstädte und der daraus resultierende Flächen- und
Ressourcenverbrauch machen deutlich, dass auch mit diesem Ansatz noch keine umfassende Antwort auf unsere aktuellen Probleme
gefunden wurde.

Gebaute Utopie

„Massive change is not about the world of design; it's about the design of the world." – *Bruce Mau in: Massive Change*

In der Vergangenheit gab es immer wieder architektonische und städtebauliche Bewegungen und Entwicklungen mit dem Ziel, gesellschaftliche Missstände und die Lebensumstände der Menschen zu verbessern und damit der gesellschaftlichen Verantwortung des Bauens gerecht zu werden. Architektur ist ein integrativer Bestandteil unserer gesellschaftlichen, politischen und kulturellen Entwicklung. Nachhaltige Architektur verlangt danach, sich mit den großen Herausforderungen unserer Zeit zu beschäftigen – den ökologischen, den ökonomischen und den sozialen. Sie steht damit in einer Reihe mit den prägendsten Epochen des 20. Jahrhunderts – der Arts and Crafts und dem daraus resultierenden Werkbund sowie den Anfängen der Moderne, die sich beide als direkte Reaktion auf die gesellschaftliche Situation am Ende des 19. Jahrhunderts entwickelt haben.

Die aktuelle Diskussion über die Sanierung unserer Städte greift oftmals zu kurz. Sie ist entkoppelt von Strategien für einen gesellschaftlich verträglichen, sozialen Stadtumbau, für eine durchmischte Stadt mit bezahlbarem Wohnraum für alle. Die zunehmende Segregation vollzieht sich entlang subtiler sozialer Grenzen – zwischen den Vierteln der Wohlhabenden und denen der finanziell und sozial Benachteiligten. Die Gentrifizierung ständig wachsender Bereiche in den Städten führt immer mehr zu einem Verdrängungsprozess ganzer Bevölkerungsschichten aus den zentrumsnahen und attraktiven Quartieren. „Das Dreieck" zeigt im Wohnungsmarkt einer der teuersten Städte der Welt mit konkreten Lösungsansätzen und -ideen einen anderen Weg. – *Abb. 4a, 4b, 4c* Das Projekt ist als Folge eines 1987 ausgelobten Wettbewerbes der Stadt Zürich entstanden – allerdings ist das rea-

Abb. 4a – Dreieck Zürich, Straßenansicht – *Fotos: Santosh Debush*

lisierte Projekt nicht die Umsetzung eines der prämierten Projekte, sondern aus dem Widerstand der Bewohner gegen die städtischen Pläne und das Ergebnis des Wettbewerbs geboren. Anstatt den existierenden Gebäudebestand zugunsten einer großmaßstäblichen innerstädtischen Wohnbebauung abzureißen, wurde eine sanfte Sanierung der Bestandsbauten aus der Gründerzeit sowie deren Ergänzung durch zwei Ersatzneubauten umgesetzt. Am Anfang dieses Prozesses standen verschiedene von den Bewohnern initiierte und organisierte Protestmaßnahmen, die in einem nächsten Schritt und mit der Unterstützung verschiedener Architekten in die Erstellung einer Gegenstudie überführt wurden. Diese belegte, dass eine sanfte Sanierung des Areals nicht nur deutlich geringere Kosten verursachen, sondern es den bisherigen Bewohnern zudem ermöglichen würde, in ihrem gewohnten Umfeld wohnen zu bleiben. Nach der überraschenden Annahme des Projektes durch den Stadtrat gründeten die Bewohner zur Umsetzung ihrer Vision die neue Genossenschaft Dreieck sowie eine eigene „Bauhütte", in der unter

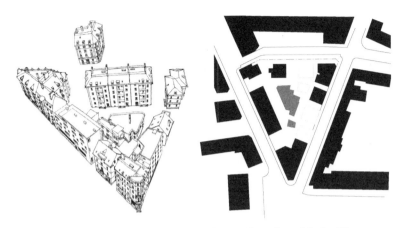

Abb. 4b – Dreieck Zürich, Vogelperspektive – *Darstellung: Martin Albers*
Abb. 4c – Dreieck Zürich, Schwarzplan – *Darstellung: Martin Albers*

der Führung zweier Handwerker zwischen 1997 und 2000 zeitweise bis zu 15 arbeitslose Bewohner mit der Sanierung der neun bestehenden Gebäude beschäftigt waren. Von 2000 bis 2003 wurden dann die beiden Neubauten erstellt, sodass das gesamte Projekt 2003 – 16 Jahre nach den ersten Protesten – abgeschlossen werden konnte. Entstanden ist ein offener und durchlässiger Stadtbaustein, der sowohl für seine Bewohner wie auch für das umliegende Quartier Mehrwert auf allen Ebenen anbietet. Die umgesetzte Nutzungsmischung mit ausgesuchten kleinen Läden, Restaurants, Bars, einer Quartiersbibliothek, einem Gästezimmer sowie Büros und Gewerberäumen bietet eine Bereicherung der Nutzungsvielfalt und Angebote für alle sozialen und ökonomischen Schichten in dem gründerzeitlichen Viertel.

Um den Energie- und Ressourcenverbrauch zu reduzieren, wurde neben der Minimierung der Energiebedarfe der Bestands- und Neubauten und der Umstellung der Energieerzeugung des „Dreiecks" auf regenerative Energien ein weiteres, oftmals vernachlässigtes

Boden- und Ressourceneinsparpotenzial genutzt: Durch den intelligenten und bedachten Umgang mit der zur Verfügung stehenden Wohnfläche beträgt diese im Dreieck nur 36 Quadratmeter pro Bewohner und liegt damit 30 Prozent unter dem durchschnittlichen Flächenverbrauch in Zürich. Trotz der umfangreichen Sanierungs- und Ergänzungsmaßnahmen konnten die angestrebten Ziele erreicht werden: Die Mieten im Dreieck liegen ca. 20 Prozent unter den ortsüblichen Vergleichsmieten und nach dem mehr als zehnjährigen Planungs- und Bauprozess wohnen heute auch noch mehr als die Hälfte der ursprünglichen Mieter in ihrem alten Kiez. Der building impact des Projekts ist vor allem im Positiven messbar. Es ist der Katalysator für die Entwicklung eines gesamten Quartiers; es belebt, es ergänzt, es bietet neue Sichtweisen an und schafft neue Angebote. Das „Dreieck" gibt, anstatt einfach nur weniger zu nehmen.

Schlussteil: Drei Strategien des nachhaltigen Bauens

Im Zentrum unseres Interesses an Architektur steht die Beziehung von Architektur und Kontext und der daraus resultierende Dialog zwischen Mensch und Umwelt. Mensch, Gesellschaft und Umwelt stehen in einem systemischen Zusammenhang und können nur gemeinsam gedacht und verstanden werden. Deswegen sind der Kontext und die Zeitlichkeit der Architektur von so zentraler Bedeutung für das nachhaltige Bauen.

Nachhaltigkeit ist kein Auf- oder Zusatz, der einem konventionellen Gebäude hinzugefügt werden kann wie eine magische Zutat oder ein Sonnenenergiekraftwerk auf dem Dach. Sie ist integraler Bestandteil des Entwurfs, der Baukonstruktion und der Architektur. Deswegen geht es uns vor allem darum, Methoden und Strategien zu entwickeln, mit denen wir die richtigen Fragen stellen und sie dann im Prozess beantworten können. Nachhaltigkeit ist keine technische Anforderung an Gebäude wie Standsicherheit oder Brandschutz, die einfach erfüllt und nachgewiesen werden kann.

Deswegen sind viele der Zertifizierungs- und Bewertungssysteme wie das DGNB-System so irritierend, weil sie nur quantifizierbare Aspekte abbilden. Das, was gute Architektur ausmacht, erklärt sich nicht allein aus einer quantitativen Betrachtung. Manche der Fragen haben eine technische Dimension – in erster Linie sind sie aber architektonischer Natur und beantworten sich in der Form und Struktur des Raumes, der Fügung der Bauteile, der Farben, dem Licht und den Materialien. Als integraler Bestandteil gedacht, ist Nachhaltigkeit kein Gegensatz zur Gestaltung, vielmehr entstehen so Konzepte, Entwürfe und Konstruktionen, deren ästhetischer Wert darin besteht, dass sie Sinn ergeben und im Dialog mit dem Kontext stehen. Die Zeit, in der sich Architektur hinter schönen Bildern verstecken konnte, ist vorbei. Und sie ist schon lange vorbei, weil die Disziplin einen selbstreferenziellen ästhetischen Diskurs führt, der außerhalb ihrer Grenzen niemanden interessiert. Der Begriff der Nachhaltigkeit kennzeichnet eine gegensätzliche Haltung. Die Nachhaltigkeitsdebatte ist die Chance für unsere Disziplin, ihre gesellschaftliche Relevanz zurückzugewinnen. Aus der wieder wachsende Bedeutung erwächst aber auch eine große Verantwortung: Unsere Disziplin schuldet der Gesellschaft Antworten auf die drängenden Fragen unserer Zeit.

Anmerkungen

[1] *Jackson, Tim: „Prosperity without Growth: Economics for a Finite Planet", Abingdon/New York 2009*

[2] *Schumacher, Ernst Friedrich: „Small is Beautiful: (A Study of) Economics as if People Mattered", London 1973*

[3] *Fachstelle 2000-Watt-Gesellschaft, Zürich, http://www.2000watt.ch/, letzter Zugriff 23.04.2012 und Paul Scherrer Institut: Die 2000-Watt-Gesellschaft: Norm oder Wegweiser? 2007, http://gabe.web.psi.ch/pdfs/Energiespiegel_18d.pdf, letzter Zugriff 23.04.2012*

[4] *McDonough, William/Braungart, Michael: „Cradle to Cradle", San Francisco 2002*

4

HÜLLE,
KÖRPER,
KLIMA

The Shape of
Sustainability

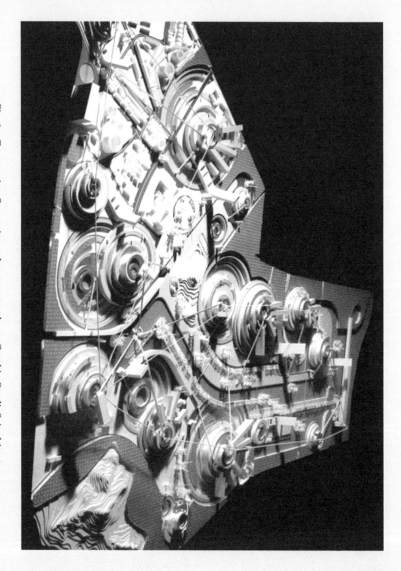

Fig. 1 – Guangming Smartcity, urban masterplan – *Graphic*: Studio8 Architects

"In establishing the most correct form, the architect
will have discovered the most beautiful one."
  -*Leon Battista Alberti, On the Art of Building in Ten Books*

In a climate where parametric design and generative components are regarded as the cutting edge of architectural design,
it is worth noting that all buildings are parametric, in the most
literal sense of the word. Through the architectural design process,
form inevitably emerges from a series of overlapping and, often,
contradictory constraints—whether physical, environmental, cultural, or aesthetic.

In the past few decades, sustainability concerns have engendered a
new set of parameters leading to a paradigm shift in the construction industry, but this shift has not yet been met with a correspond-
ing change in the physical shape of the built environment.

Current legislation regarding sustainable building is prescriptive.
Standardisation, particularly in the sectors of volume house building and commercial development, provides a means to achieve
sustainability targets at the expense of architectural diversity and
innovation. The performance criteria of buildings enshrined in environmental metrics, such as the BRE and EPBD, is narrow in scope
and would benefit from encompassing more tangential, yet equally
crucial concerns such as food production, water autarky, and building form. Even in temperate regions, there is a great variance in
climatic conditions; the morphology, arrangement and façade treatment of buildings should reflect this with diversity, and yet the or-
thogonal form, whether in developer-led initiatives or bespoke mod-
ernist houses, remains prevalent in its ubiquity.

At an urban level, we appear similarly constrained by the tradition
of the European master plan, which—in the light of the truly trans-
formative potential of city design—requires sharp reassessment.

As convincingly argued by Richard Rogers, the single most important design factor of the contemporary metropolis is the motorcar, which determines everything from the overall shape of the city to the width of streets and thoroughfares, right down to street furniture. A truly sustainable city, when imagined from first principles, should manifest in a very different formal aspect. Masdar City, Norman Foster's vision of the zero-carbon city, is interesting spatially in that the city is considered as a landscape, with streets and buildings sized and configured to maximise natural ventilation and cooling. This leads us to consider the optimisation of shape and size of sustainable structures. Form-finding, in its worst manifestations, can be wilful and indulgent—stylistic extravagances—but non-rectilinear form can equally be rationally justified. In relation to natural form, the mathematician and biologist, D'Arcy Wentworth Thompson, argues in his seminal work, *On Growth and Form*, that the stress on evolution as a determinant of form is over-emphasised and that structuralism, based on mechanics and physical principles, constitutes a more fundamental factor. Naturally occurring forms such as soap bubbles created through surface tension, and catenary curves of bee hives, subject to the same physical laws as manmade structures, have long preoccupied engineer-architects such as Buckminster Fuller and Frei Otto in their pursuit of optimal form, minimising material and energy waste.

Biological principles tell us that non-Euclidean structures offer optimised surface area to volume ratios to facilitate homeostasis and thermoregulation. Why then, do the majority of sustainable buildings assume rectilinear forms? Cost, time, and ease of integration into existing built fabric are obvious reasons, but are ultimately insufficient justifications to disregard the advantages of alternative geometric forms. This argument can be illustrated through a simple comparison study: in climatic conditions where mechanical heating is required to achieve thermal comfort levels, the principal energy demands of a building are caused by fabric and ventilation heat losses, expressed by the respective equations,

$$Q_f = \sum (U_x \times A_x) \, \Delta T \text{ and } Q_v = 1/3 \times n \times V \times \Delta T$$

where A = surface area, V = volume, ΔT = internal / external temperature differential, and n = ventilation rate. Assuming that the floor, walls, and roof of a building are insulated as well as they can be, and that air leakage is adequately dealt with, the principal variables that affect heat loss are surface area and volume. The five building forms illustrated below provide an identical gross internal area of 112 square metres but differ markedly in surface area and volume. – *Figs. 2, 3*

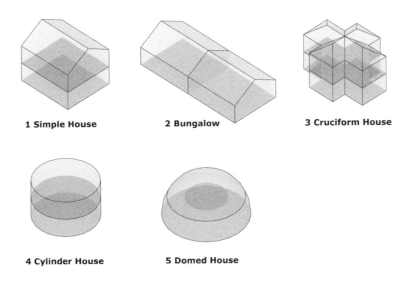

1 Simple House **2 Bungalow** **3 Cruciform House**

4 Cylinder House **5 Domed House**

Fig. 2 – Five different house forms – *Graphic:* Edward T H Liu

	Surface Area [m2]				Volume [m3]	Weighted Surface Area [m2]				FA quotient	Person quotient
	Floor	Walls	Roof	Total		Floor	Walls	Roof	Total		
Simple House	56	164	65	285	336	11.2	32.8	8.45	52.45	0.47	13.11
Bungalow	112	129	129	370	392	22.4	25.8	16.77	64.97	0.58	16.24
Cruciform	56	180	67	303	314	11.2	36	8.71	55.91	0.50	13.98
Cylinder	56	133	56	245	277	11.2	26.6	7.28	45.08	0.40	11.27
Dome	91	158	23	272	322	18.2	31.6	2.99	52.79	0.47	13.20

Fig. 3 – FA quotient of the five different house forms – *Graphic:* Edward T H Liu

The weighted surface area figures in the data table take into account elemental heat losses through different thermal surfaces, the floor area quotient (FA) gives the ratio of surface area to floor area, and the person quotient the ratio of surface area to the number of occupants. The cylindrical building with a flat roof has a floor area quotient substantially lower than the next two best-performing configurations, the simple house and the domed house, the latter suffering from restricted headroom at the perimeter of the first floor.

The magnitude of an object also plays an important role in the ratio of surface area to volume. Small houses such as the Micro-Compact Home by Horden Cherry Lee Architects ensure that material quantities and heating requirements are at their leanest, possibly at the expense of comfortable long-term habitation and a proportionately large envelope through which heat can escape. In a comparison with a Georgian townhouse in London and a high-rise tower block in Hong Kong, the Micro-Compact Home scores best in terms of envelope area per person, but not by such a sizeable margin. Its floor area quotient, however, is approximately five times the other two housing typologies, explained by the more generous living space offered by the more conventional dwellings. – *Figs. 4, 5*

In the case of the Georgian terrace, the exposed surface area is dramatically reduced by virtue of shared walls with its neighbours. Surface area is contextually of less relevance to the high-rise, as cooling substantially outweighs heating requirements in Hong Kong. Despite this, the building's convoluted plan shape (for natural

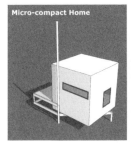
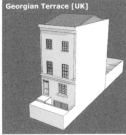

- Occupancy 1-2
- Surface Area: 41m2
- Volume: 18m3

- Occupancy 6-8
- Surface Area: 466m2
- Volume: 740m3

- Occupancy 700
- Surface Area: 18239m2
- Volume: 49700m3

	Surface Area [m2]				Volume	Weighted Surface Area [m2]				FA quotient	Person quotient
	Floor	Walls	Roof	Total	[m3]	Floor	Walls	Roof	Total		
mc-h	7	28	7	42	18	1.75	9.8	1.12	12.67	**1.81**	**8.45**
Terrace	61	129	129	319	740	15.25	45.15	20.64	81.04	**0.33**	**13.51**
Highrise	627	17612	627	18866	18239	156.75	6164.2	100.32	6421.3	**0.38**	**10.70**

Figs. 4 and 5 – Comparison of housing types – *Graphic:* Edward T H Liu

lighting and ventilation requirements) fares well in terms of floor area ratio due to its overall size.

Two projects of contrasting scale, in which form-making has specific intentions and consequences, will now be considered. The first is Shipton Gorge, a single-family house by Barnaby Gunning Architects, located in the open countryside of Dorset in the UK, the dwelling was commissioned by a young family of four as live-work accommodation, and is designed to meet passive house standards. – *Fig. 6*

The external plan shape of the building is a super-ellipse, a geometrical form most famously employed by the Danish poet and mathematician Piet Hein in his design solution for the roundabout of Sergels Torg in Stockholm. The continuously varying curvature, given by the Cartesian equation:

$(x / a)^r + (y / b)^r = 1$ perfectly mediates between the turning circle of motor vehicles and the proportions of the rectangular site.

In the case of Shipton Gorge, the purpose of the super-ellipse, also known as a lamé curve, is twofold. The non-rectilinear plan results

Fig. 6 – Shipton Gorge, Study of a single-family house
Photo: Barnaby Gunning Architects

in a low surface area to floor area ratio, minimising heat loss in a similar fashion to the cylindrical house previously described. However, where the internal planning of the cylinder is potentially awkward, the plan prescribed by the lamé curve lends itself easily to domestic living spaces.

Furthermore, the absence of corners minimises the difference in pressure from one side of the building to another, reducing ventilation rates and therefore ventilation heat losses. The dwelling is oriented along an east-west axis to maximise southern exposure, natural light, and winter solar gain. From a visual perspective, the shape of the building diminishes its volumetric impact in a sensitive environment, and the use of untreated oak as an external cladding material further softens its appearance over time, weathering and aging to blend in with the surrounding trees. – *Fig. 7* Shifting scales but retaining an elliptical motif, Guangming Smartcity is an urban master plan by CJ Lim + Studio 8 Architects, commissioned by the Shenzhen Municipal Planning Bureau for an entirely

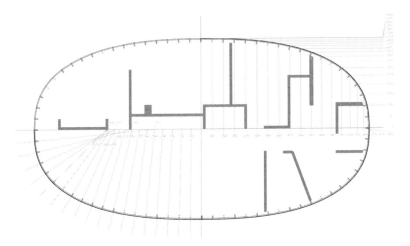

Fig. 7 – Shipton Gorge, functional plan – *Graphic:* Barnaby Gunning Architects

new city of 200,000 inhabitants. Inspired by Hakka rotunda houses and Ebenezer Howard's Garden City Plan, the city is laid out as a series of ringed "tower" and "crater" communities. Taking advantage of the morphology of the existing topography, these agglomerations of housing and farm borrow from the technocratic formalism of the Japanese Metabolists and the utopian trope of concentric ringed streets and buildings, but introduce a third vertical dimension calibrated to storey-height terraces. – *Fig. 1, page 152*

This stepped arrangement has several advantages: the solar access of apartment buildings and offices is improved, natural cross ventilation is possible, and the reduced distance between buildings increases housing density without adverse overshadowing. Most significantly, the terracing creates level rooftop surfaces that can be used for farming without fear of erosion and slippage. The result is an unprecedented spatial connection between mass housing and arable land. Where necessary, the terrain is reshaped by redistributing excavated material from the craters to the towers and the

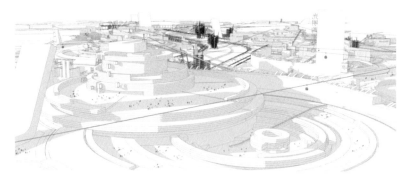

Fig. 8 – Guangming Smartcity, urban master plan – *Graphic:* Studio8 Architects

addition of inert but non-biodegradable landfill that has accumulated around China's cities at an alarming rate. – *Fig. 8*

At the scale of a domestic house, the circular form has inherent problems; at the scale of a suburb, radial and concentric relationships open up radical possibilities. Ringed streets and avenues allow greater density without perceived loss of space, preventing urban sprawl and encouraging compact land use patterns through improved adjacencies and shorter travel distances. A reservoir for water capture and a subterranean cooling labyrinth at the nucleus of each community structure, with access to the maximum number of dwellings and workspaces, allows limited yet significant control of the local microclimate, effecting a hybrid of building and landscape. Equally importantly, the ringed configuration facilitates social and community interaction, an often-neglected aspect of sustainable design. Each tower and crater community is self-sufficient, incorporating its own high street, suburb square, and identity. In addition, the radial stacking of the housing addresses generational and clan politics of the new city's inhabitants. A broad range of typologies including houses, apartments, villas, studios, and care homes cater to the community spectrum within an integrated agrarian landscape.

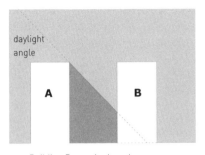 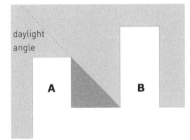

- Building B overshadowed
- Views out of building B obstructed

- Improved solar access to Building B
- Improved view from Building B

Fig. 9 – Guangming Smartcity, domestic housing, light study
Graphic: Edward T H Liu

Although both the projects illustrated here are sensitive to their cultural and environmental contexts, they are partly made possible because of a physical tabula rasa, largely unconstrained by surrounding urban fabric. It is the absence of such parameters that enables the exploration of an alternative sustainable morphology. In many urban situations, improving the thermal fabric of rectilinear buildings is the appropriate response; in others, increasing insulation is an ad hoc response, in the same way that renewable energy generation is used to paper over the high energy expenditure of contemporary living. Environmentally-responsive form has a much larger role to play in sustainable design.

A History of Convection

Convection as the Driving Force of Architectural Design

by Philippe Rahm

Fig. 1 – Domestic Astronomy – *Photo:* Philippe Rahm architectes

In "Theory of Architecture," we spoke about elements of architecture and elements of composition. Elements of architecture are traditionally single elements — stair, window, wall, door, ceiling, column, cornice, etc. — that you add together to compose a building. We could compare elements of architecture with words in a sentence. Elements of composition are elements used to connect, to compose by using a certain quantity of elements of architecture. Elements of composition are, for example, addition, subtraction, symmetry, asymmetry, etc. We could compare elements of architecture to verbs. Here, in relation to climate concern and sustainability, we would like to slip these elements from the solid to the void, from the material to the climatic. We propose a series of new elements of architecture and elements of composition as meteorological elements. They are heat, moisture, air, and light as elements of architecture; and convection, conduction, evaporation, pressure, radiation as elements of composition. In this text, we will analyse the first element of composition, convection, as a design tool for thinking and drawing forms and programmes.

In thermodynamics, energy transfer by heat can occur between objects by radiation, conduction, and convection. Convection is usually the dominant form of heat transfer in gases. This term characterises the combined effects of conduction and fluid flow. In convection, enthalpy transfer occurs by the movement of hot or cold portions of the fluid, together with heat transfer by conduction. Commonly, an increase in temperature produces a reduction in density. Hence, when air is heated, hot air rises, displacing the colder denser air, which falls. In this free convection, gravity and buoyancy forces drive the fluid movement. The following projects examine how convection could become the driving force of architectural design.

Fig. 2 – Domestic Astronomy – *Photo:* Philippe Rahm architectes

Domestic Astronomy

"Domestic Astronomy"[1] is a prototype for an apartment where one no longer inhabits the surface but the atmosphere. Leaving the ground, function and furniture rise up and disperse, evaporating in the atmosphere of the apartment, stabilising according to certain temperatures in relation to the body, clothing, and activity.– *Fig. 1* According to the law of Archimedes, hot air rises whilst cold air descends, and this physical reality has a direct influence on the distribution of temperatures inside the apartment. One can measure large disparities of temperature between the floor and the ceiling. For example, it will be 19 degrees Celsius at the level of the floor, and 28 degrees Celsius, three metres above that, right under the ceiling. That temperature difference is absolutely useless and even becomes a problem today in the face of global warming, against which sustainable development policies are fighting by reducing energy consumption in building interiors. In effect, the eight-degree difference that one finds just under the ceiling is wasted energy that benefits no one. – *Fig. 3 und 4* Our purpose is to take into account these physical disparities in the distribution of temperatures, and to

Fig. 3 – Domestic Astronomy – *Photo:* Philippe Rahm architectes

take advantage of them in order to transform the way of inhabiting space, by exchanging the exclusivity of a horizontal mode of habitation in the interior for a vertical mode of inhabitation where one can inhabit different thermal zones, different strata, different altitudes. In order to economise energy, the Swiss standard for construction (SIA) recommends heating the different spaces of the house to different temperatures, in order to optimise the energy spent as a function of the activity and the dress of its users. – *Figs. 2, 3* Accordingly, the spaces where one is naked will be heated more intensely, whilst the spaces through which one merely passes or those where one is dressed more warmly should be colder. The SIA standard recommends, therefore, heating lavatories to 15 degrees Celsius, bedrooms to 16 degrees Celsius, kitchens to 18 degrees Celsius, living rooms to 20 degrees Celsius, and bathrooms to 22 degrees Celsius. – *Fig. 4* According to these objectives and the Archimedean principle of the rising of hot air, we propose splitting the programme of an apartment into the entire atmosphere of a single room by looking for the different, suitable temperatures for the different functions according to the different activities of the inhabitant and his

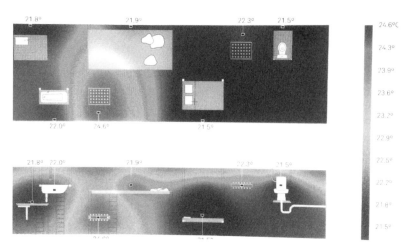

Fig. 4 – Domestic Astronomy, Temperature Scheme
Graphic: Philippe Rahm architectes

clothing. It is necessary then to define the sources of heat—e.g., radiation or convection. The artificial interior of architecture is a place where the elements constitute the atmosphere. —which in the natural world form an ensemble of relationships of causes and effects, constituting an ecological system where all the elements are related and interdependent in energy-related, chemical, physical, and biological exchanges. Space, light, temperature, movement of air, are in this way completely intertwined in the natural world; and their

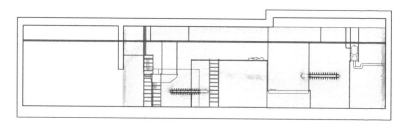

Fig. 5 – Domestic Astronomy, Front Scheme – *Drawing:* Philippe Rahm architectes

variations—in large astronomical, temporal, thermodynamic, and biological movements—form the atmosphere of the planet as an ecosystem. – *Fig. 5*

Our purpose is to reintroduce in the interior a sort of second astronomy whose purpose will be in no way naturalistic, but on the contrary will come directly from the centre of artificial means of creating artificial interior climates of modernity. It is in this way that we propose to reassemble a whole, to recompose in a single unit, the different climatic elements separated by the techniques of the building industry for constructing a global interior ecosystem as a new sort of astronomy of the interior where temperature, light, time, and space recombine into one single atmosphere, a single temporality, a geography.

An atmosphere and its meteorology are formed in which one occupies all the spatial and climatic dimensions, between latitudes of luminous intensity and longitudes of temperature and colour, altitudes of temperature. The thermostats provoke a luminous temporality by turning the lights off and on depending upon the temperatures measured, generating a true interior astronomy, with its incandescent days and its compact fluorescent nights.

A Building As A Convective Shape

The design of this condominium building is based on the natural law of Archimedes, in which warm air rises and cold air drops. Very often in an apartment, a real difference of temperature can be measured between the floor and the ceiling, a difference that can be as much as 10 degrees Celsius. Depending on our physical activities and the thickness of our clothes, the temperature doesn't have to be the same in every room of the apartment. – *Fig. 6* If we are protected by a blanket in bed, the temperature of the bedroom could be reduced to 16 degrees Celsius. If we are dressed and physically active, we could have a temperature of 18 degrees Celsius in the kitchen. The living room is often 20 degrees Celsius because we are dressed

Fig. 6 – Convective Condominium – *Graphic:* Philippe Rahm architectes

without moving, motionless on the sofa. The bathroom is the warmest space in the apartment because here we are naked. Keeping these precise temperatures in these specific areas could economise a lot of energy by reducing the temperature to our exact needs. Related to these physical and behavioural thermal figures, we propose shaping the apartment into different depths and heights: the space where we sleep will be lower whilst the bathroom will be higher. The apartment would become a thermal landscape with different temperatures, where the inhabitant could wander around as if in a natural landscape, looking for specific thermal qualities related to the season or the moment of the day. By deforming the horizontal slabs of the floors, different heights of the spaces are created with different temperatures. The deformation of the slabs also gives the building its outward appearance. – *Figs. 7, 8*.

If the smart materials are often in the visible, we would enhance the work on the invisible: the climatic and the thermal quality of the air. Our project modules follows the path of the air and the light, from outside of the building to inside the apartments, from the landscape to the design of furniture. Each step is thinking intelligently to give the air a certain quality. The materials that surround, shape, and accompany air are chosen to give the air a certain value, a certain quality. It starts with the outside air, which comes with the main wind from the south-west. We plant trees with feathery leaves to absorb dust and pollution from the air, before it reaches the building. This air arrives near the building north or south. At the south, we propose the darkest grass—in a very dark green, almost black—with a low albedo of 0.15 to absorb the maximum light to warm the soil, and to heat by conduction the ambient air around. An air intake is located here, in this sunny and warm place, to take in air as hot as possible during the winter. At the north, on the contrary, we plant the whitest green grass as possible—a very pale green, almost white—with a high albedo of 0.3 to reflect the maximum light, to prevent

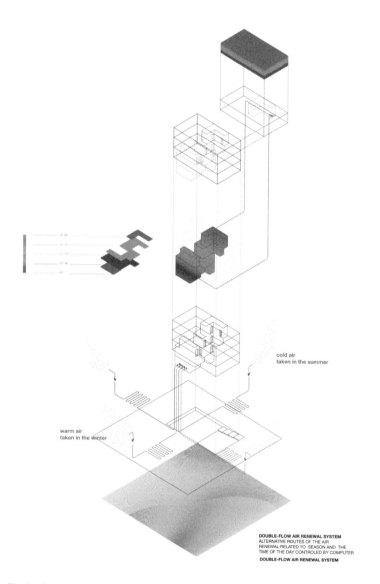

Fig. 7 - Convective Condominium, Scheme – *Drawing:* Philippe Rahm architectes

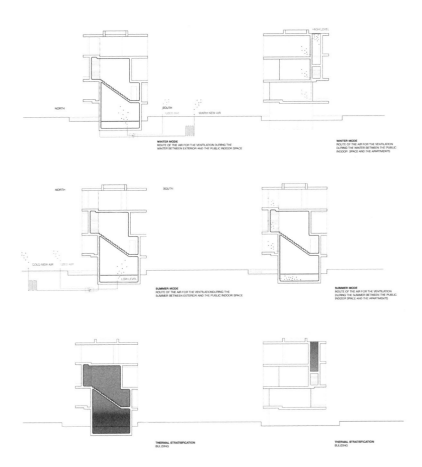

Fig. 8 - Convective Condominium, Scheme – *Drawing:* Philippe Rahm architectes

Fig. 9 – Convective Condominium, Interior View
Graphic: Philippe Rahm architectes

heating the ground and to keep the temperature of the air as low as possible, keeping it as fresh as possible. Mint, with its refreshing properties, is planted here. We also propose dense trees with deep shadows to enhance the freshness of the place. Here, in the coldest situation, we will take the air in summer, when it gets too hot. This air passes through a ground-coupled heat exchanger to cool it down more when it reaches in the common area stairs.

The public area of the building deploys itself from the basement to the roof like a continuous movement of air from the low levels to the high levels. Because the warm air is lighter than the cold air, the high level of the public space will become warmer than the low level. This vertical geography of heat becomes a tank for the new air used for the ventilation of the apartments, in a system of air renewal double-flow with heat exchanger. – *Fig. 9* The inside material of this stairs tank is made of eco-cement, which absorbs the CO_2 and the pollution in the air and cleans it again, after the trees, before introducing it in the apartment. An intelligent system based on thermal sensors, installed outside the building and inside the public space, will measure in real time the temperature of the air. Depending on the season, it will choose one entrance for the air, alternately on the north or on the south of the building, on the top or on the bottom of the stairs. For example in winter, we will draw in the new air on the south, sunny and warmer face of the building, introducing it in the public space where it will also be heated by the sky dome. Here, we will draw in the air at the highest and warmest level of the public space for introducing it in the apartments. We have to renew around twenty cubic metres of air for one hour for each person. To reduce energy consumption, an intelligent software will calculate the precise quantity of air to renew for each apartment based on the number of people inside and the quantity of vapour produced by their activities. In the apartment, curtains are installed to cut the night radiation, while variable exterior sun protections are installed to avoid an excess of sun radiation during the day. The façade is made with three layers of glass, with a thermal coefficient of 0,6 kw/m2 U-value. The closed beds are made of natural wood, which absorbs or rejects the excess of humidity and thus also participates in the regulation of the humidity inside the apartment.

If the design process follows the new goals of energy reduction linked to the recommendations of sustainable development, these new constraints can offer new shapes and new ways of living.

Notes
[1]*Philippe Rahm architectes, Domestic Astronomy, Louisiana Museum, Denmark, 2009.*

Nachhaltiges Bauen

–

Die Sicht des Bundes

von Hans-Dieter Hegner

Abb. 1 – BMVBS-Modellvorhaben „Effizienzhaus Plus" mit Elektromobilität in der Berliner Fasanenstrasse 87 a
Quelle: BMVBS, Foto: Ulrich Schwarz

D ie deutsche Bundesregierung hat am 06.12.2010 weitgehende Maßnahmen für die nachhaltige Beschaffung im Rahmen ihres Nachhaltigkeitskonzeptes beschlossen[1]. Erster Punkt dieses Konzeptes ist die Beschaffung und Errichtung von nachhaltigen Gebäuden. Dazu hat das Bundesministerium für Verkehr, Bau und Stadtentwicklung (BMVBS) einen „Leitfaden Nachhaltiges Bauen" vorgelegt und per Erlass vom 03.03.2011 verbindlich für den Bau von Bundesgebäuden eingeführt. Der Leitfaden wurde bei der Europäischen Kommission notifiziert. Mit der Einführung des Leitfadens Nachhaltiges Bauen wird die entsprechende Bewertungsregel für nachhaltiges Bauen in Bezug genommen. Insgesamt ist ein Gesamterfüllungsgrad des für Büro- und Verwaltungsgebäude entwickelten Kriteriensteckbriefsatzes von mindestens 65 Prozent – entsprechend Silberniveau – zu erreichen. Viele Nutzer haben jedoch schon im Vorfeld der verbindlichen Einführung den Goldstatus (80-Prozent-Erfüllungsgrad oder besser) für ihre Immobilien gefordert. Der Bund ist damit der erste große Bauherr in Deutschland, der seine Bauaufgaben in den nächsten zwei Jahren komplett nach Nachhaltigkeitskriterien ausrichtet.

Einführung und Rahmenbedingungen

Die generelle Situation in Deutschland verhält sich wie folgt: 55 Prozent aller Investitionen werden im Gebäudebereich getätigt. Die Bauwirtschaft trägt in der gesamten Wertschöpfungskette mit 11 Prozent zur Produktion in Deutschland bei und vereint dabei 12 Prozent aller sozialversicherungspflichtigen Beschäftigten. Die Bau-, Wohnungs- und Immobilienwirtschaft steht in vielfältigen Wechselbeziehungen mit Maßnahmen und Zielen der Nachhaltigkeitsstrategie der Bundesregierung. Hervorzuheben sind insbesondere der Klimaschutz und die Verbesserung der Energieeffizienz, die Verbesserung der Energie- und Rohstoffproduktivität, die Senkung der Flächeninanspruchnahme und die Gestaltung des demografischen

Wandels. Circa 40 Prozent der gesamten Primärenergie in Deutschland werden für den Betrieb von Gebäuden benötigt. Rund 50 Prozent aller nicht nachwachsenden Rohstoffe werden durch das Bauwesen beansprucht, das gleichzeitig für ca. 60 Prozent des Abfallaufkommens in Deutschland verantwortlich ist. Die Nachhaltigkeitsstrategie der Bundesregierung muss sich deshalb ganz gezielt auf diesen Volkswirtschaftssektor konzentrieren[2].

Die Bewertung des Beitrages von Einzelbauwerken zu einer nachhaltigen Entwicklung führt zur Forderung der Entwicklung eines Gesamtsystems zur Beschreibung und Beurteilung von Gebäuden einschließlich des Grundstücks. Nachhaltigkeitsbetrachtungen zeichnen sich durch eine Analyse über den gesamten Lebenszyklus und eine umfassende Einbeziehung von ökologischen, ökonomischen und soziokulturellen Aspekten aus. Neben den Energiebilanzen müssen deshalb insbesondere auch die Stoffströme und finanziellen Auswirkungen untersucht werden. Die Entwicklung, Erprobung und Anwendung von Systemen zur Beschreibung, Bewertung und Zertifizierung der Nachhaltigkeit von Gebäuden ist dabei an eine Reihe von Voraussetzungen gebunden. Insbesondere der Übergang zu einem überwiegend auf quantitativen Bewertungen basierenden Bewertungs- und Zertifizierungssystem stellt eine erhebliche Herausforderung dar[3].

Das in Deutschland neu entwickelte Bewertungssystem Nachhaltiges Bauen ist als freiwilliges Marktinstrument zurzeit für Büro- und Verwaltungsgebäude ausgelegt und wurde an derartigen Gebäuden erprobt. Es steht allen Anwendern kostenfrei zur Verfügung und ist im Internet (über www.nachhaltigesbauen.de) abrufbar. Das öffentlich verfügbare Bewertungssystem wird in Deutschland vom Bund und zunehmend auch von Ländern und Kommunen genutzt. Es entspricht in den wesentlichen Kriterien auch dem privat genutzten System der Deutschen Gesellschaft für Nachhaltiges Bauen (DGNB). Die Bundesregierung wendet die Bewertungsregel bei eigenen Gebäuden an. Sie will damit ihre Vorbildfunktion stärken. In ähnlicher Weise gehen auch die Bundesländer vor. So hat zum Beispiel die hessische Landesregierung einen Beschluss für eine „CO_2-freie Landesregierung" gefasst inklusive entsprechender Maßnahmen für den Landesbau. Weitergehende Verpflichtung gibt es in Deutschland nicht, da für viele Anforderungen wie zum Beispiel den Energiebedarf von Gebäuden ohnehin strenge gesetzliche Anforderungen bestehen. Das System beruht auf Freiwilligkeit und Transparenz. Im Bereich privater Gebäude bietet die DGNB eine Zertifizierung an, die für viele Marktteilnehmer interessant sein könnte.

Akteure und aktuelle Maßnahmen

Deutschland widmet sich seit über einem Jahrzehnt der Umsetzung von Prinzipien einer nachhaltigen Entwicklung in allen Wirtschafts- und Lebensbereichen. Ausgangspunkt für die Bemühungen des BMVBS um nachhaltige Gebäude ist die von der Bundesregierung verfolgte Nationale Nachhaltigkeitsstrategie. Dabei wurden die Bau-, Wohnungs- und Immobilienwirtschaft bzw. das Bedürfnisfeld „Bauen und Wohnen" in Verbindung mit einer nachhaltigen Siedlungsentwicklung als Handlungsfelder von herausgehobener Bedeutung identifiziert. Die Nationale Nachhaltigkeitsstrategie definiert Ziele und Indikatoren und ist Maßstab für die Ressortpolitik. Die Messung der Indikatoren erfolgt durch den Fortschrittsbericht des Rates für Nachhaltige Entwicklung. Die Umsetzung der Nationalen Nachhaltigkeitsstrategie wird vom Staatssekretärsausschuss für Nachhaltigkeit beim Bundeskanzleramt kontrolliert. Der aktuelle Koalitionsvertrag der Bundesregierung bestimmt, dass die Nachhaltigkeitsstrategie im bewährten institutionellen Rahmen weiterentwickelt werden soll. Der Koalitionsvertrag legt weiterhin fest, dass der Bund auch in Zukunft seiner Vorbildfunktion für Baukultur und Nachhaltigkeit bei seinen Baumaßnahmen gerecht wird[4]. Im Jahre 2001 wurde im Ergebnis einer gemeinsamen Initiative von

Bauwirtschaft und Bauministerium der „Runde Tisch Nachhaltiges Bauen" beim Bundesministerium für Verkehr, Bau- und Stadtentwicklung eingerichtet. Dieser Runde Tisch hat unter anderem die Aufgaben der Beratung der Bundesregierung und des BMVBS zu allen Fragen des nachhaltigen Bauens, der Bildung einer Diskussionsplattform für alle relevanten Akteursgruppen, der Erarbeitung von Positionen zur internationalen und europäischen Gesetzgebung und Normung, der Erarbeitung von Grundlagen für ein Bewertungssystem sowie der Vorstellung und Diskussion aktueller Forschungsergebnisse. Diese sind unter anderem zugänglich unter *www.nachhaltigesbauen.de.*

Herausgehobene Ziele der Bundesregierung

1. die Reduzierung der täglichen Zunahme der Verkehrs- und Siedlungsfläche auf 30 Hektar pro Tag in Deutschland unter anderem durch den Vorrang der Innen- vor der Außenentwicklung
2. die Verbesserung der energetischen Qualität durch Veschärfung der Anforderungen an den zulässigen Primärenergiebedarf von Neubauten um 30 Prozent bis 2009 gegenüber 2007 sowie eine weitere Verschärfung bis 2012
3. die Erhöhung des Anteils erneuerbarer Energie an der Wärmeversorgung von Gebäuden von ca. 6 Prozent im Jahr 2006 auf 14 Prozent im Jahr 2020
4. die stärkere Orientierung von Investitions- und Vergabeentscheidungen an der Höhe der Lebenszykluskosten mit dem Ziel, diese zu reduzieren

Der Leitfaden Nachhaltiges Bauen

Der neue Leitfaden umfasst erstmals Kriterien und Berechnungsgrundlagen, die den Beitrag des Gebäudes zu einer nachhaltigen Entwicklung methodisch bewerten können. Der Leitfaden umfasst vier Teile ergänzt um einen umfangreichen Anhang.

Im Teil A des Leitfadens werden die allgemeinen Grundsätze und Methoden des nachhaltigen Bauens dargestellt. Diese können für Bauvorhaben der öffentlichen Hand wie der Privatwirtschaft gleichermaßen angewendet werden. Dazu werden

• Prinzipien des nachhaltigen Bauens,
• Dimensionen und Qualitäten des nachhaltigen Bauens
• allgemeine Handlungsanweisungen zur Nachhaltigkeitsbewertung

beschrieben.

Im Teil B „Neubau" werden die aufgabenbezogenen Grundsätze, Szenarien und Planungsgrundlagen für Neubaumaßnahmen sowie für größere Baumaßnahmen beim Bauen im Bestand (zum Beispiel Erweiterungsbauten) dargestellt. Sie orientieren sich dabei an der chronologischen Abfolge der Planungsphasen. Derzeit wird der Leitfaden noch um Hinweise für das Bauen im Gebäudebestand (Teil C), das Nutzen und Bewirtschaften (Teil D) sowie für Außenanlagen ergänzt. Ziel des Bewertungssystems des BMVBS ist die Vergabe einer „Gebäudenote" und die zusätzliche Beschreibung der Standortmerkmale. Die Gebäudenote wird nach Auswertung verschiedener Einzelkriterien aus den Hauptgruppen ermittelt:

• ökologische Qualität
• ökonomische Qualität
• soziokulturelle und funktionale Qualität
• technische Qualität des Bauwerks
• Prozessqualität

Die Zahl dieser Einzelkriterien ist für Büro- und Verwaltungsgebäude festgelegt. Für jedes Kriterium sind die Messmethode und die Benchmarks in Kriteriensteckbriefen klar beschrieben. Ziel war es unter anderem, alle bauordnungsrechtlichen Anforderungen und sonstigen öffentlich-rechtlichen Regelungen verpflichtend einzubeziehen. Im ökologischen Bereich wird zusätzlich zu den im Zuge der Planung ohnehin abzuliefernden Nachweisen eine Ökobilanz verlangt. Bei den ökonomischen Qualitäten sind nicht nur Investitionskosten, sondern die Lebenszykluskosten zu ermitteln. Die zusätzlichen Anforderungen an Nachweispflichten sind gering, wenn im normalen Planungsprozess bereits übergreifende Überlegungen und Dokumentationen zur Nachhaltigkeit realisiert wurden. Die Ausrichtung der Planung auf Übererfüllung und die erhebliche Qualitätskontrolle sind das eigentliche Merkmal der Zertifizierung.

Das BMVBS orientiert sich bei seinen Arbeiten zur Entwicklung, Erprobung und Einführung eines Systems zur Beschreibung, Bewertung und Zertifizierung nachhaltiger Gebäude am Stand der internationalen und europäischen Normung von ISO TC 59 SC 14, ISO SC TC 59 SC 17 sowie CEN TC 350. Es wird das Ziel verfolgt, die Nachhaltigkeit von Gebäuden durch Einbeziehung ökologischer, ökonomischer und sozialer Aspekte in all ihren Dimensionen zu beurteilen. Diese Beurteilung soll sich auf quantitativen Methoden der Ökobilanzierung und Lebenszykluskostenrechnung abstützen und somit auf wissenschaftlich anerkannten Methoden basieren.

Alle notwendigen Daten, die für die Berechnungen benötigt werden, hat das BMVBS kostenfrei (auch für private Systemanbieter) im Internet zur Verfügung gestellt. Es handelt sich insbesondere um:

• Daten für die Ökobilanzierung von Bauprodukten und -prozessen
Als Voraussetzung für die Ökobilanzierung von Gebäuden und baulichen Anlagen wurde die nationale Datenbank „Ökobau.dat" mit Angaben zur Ökobilanz relevanter Bauprodukte und -prozesse aufgebaut und ständig aktualisiert und erweitert.

• Angaben zur Nutzungsdauer von Bauteilen, sind eine Voraussetzung sowohl für die Ökobilanzierung als auch für die Lebenszykluskostenrechnung. Auf der Basis von Forschungsergebnissen wurde eine Datenbank aufgebaut.

Bauprodukt- und Gefahrstoffinformationssysteme

Bauproduktsysteme stellen (über frei verfügbare Informationen) umwelt- und gesundheitsrelevante Daten zu Bauproduktgruppen zur Verfügung und unterstützen so die Entscheidungsfindung im Planungsprozess. Gefahrstoffinformationssysteme weisen auf Umwelt- und Gesundheitsrisiken bei der Verarbeitung und Nutzung von Bauprodukten hin. Das dafür relevante, netzbasierte System WECOBIS wurde gemeinsam von der Architektenkammer Bayern und dem BMVBS entwickelt und fortgeführt.

Dokumentationshandbuch

Über eine Dokumentation werden während des Lebenszyklus relevante Informationen zum Gebäude beschrieben, verwaltet und aktualisiert.

Ausblick

Die vollständige Einführung des Leitfadens für den Neubau von Büro- und Verwaltungsgebäuden erfolgte im Mai 2012. Gleichzeitig werden Module für Modernisierungsvorhaben, Schulbauten, Laborbauten und Ingenieurbauten bereitgestellt.

Anmerkungen

[1] *Bundesregierung: Mehr Nachhaltigkeit in der Bundesverwaltung.*
http://www.bundesregierung.de/nn_1264/Content/Artikel/2010/12/2010-
12-06-mehr-nachhaltigkeit-in-der-bundesverwaltung.html

[2] *Die Bundesregierung, Presse- und Informationsamt: „Perspektiven für*
Deutschland. Unsere Strategie für eine nachhaltige Entwicklung",
Berlin 2002

[3] *Hegner, Hans-Dieter/Lützkendorf, Thomas: „From energy certificate*
to sustainability report – Sustainable building in Germany", Vortrag
auf der Weltkonferenz für Nachhaltiges Bauen September 2008
in Melbourne/Australien

[4] *Bundesregierung: Koalitionsvertrag. http://www.cdu.de/por-*
tal2009/29145.htm, Zeile 1108 und Zeile 1734

[5] *Das Effizienzhaus Plus produziert mehr Energie, wie für die Nutzung*
notwendig ist. Es ist voll recyclebar und entspricht höchsten Anforderun-
gen der Nachhaltigkeit (siehe auch www.bmvbs.de)

BMVBS-Modellvorhaben „Effizienzhaus Plus" mit Elektromobilität in der Berliner Fasanenstrasse 87 a

Quelle BMVBS, Foto: Ulrich Schwarz

5

BAUKON-STRUKTION

UND MATERIAL

Kybernetische Gebäudestrukturen

von Prof. Günter Pfeifer

Abb. 1 – Das Gemeinsame und das Individuelle, nicht nebeneinander wie im klassischen Doppelhaus, sondern miteinander verzahnt und verwoben. Ein Haus für zwei Parteien, die gemeinsam unter einem Dach leben wollen, aber gleichzeitig unabhängige Bereiche beanspruchen. – *Foto: Ruedi Walti*

E s muss einmal eine Zeit gegeben haben, in der die Menschen darauf angewiesen waren, ihren Lebensstil und ihre Behausung nach der Umgebung und dem Klima auszurichten. Sie schützten sich mit den Dingen, die sie zwangsläufig umgaben und in denen sie klimatisiert wurden. Man kann also festhalten, dass sich die Geschichte der Architektur aus dem Kontext des Klimas mit der Physis des Ortes entwickelte. Niemand wird das bestreiten. Daraus entstand eine Einheit von Mensch, Klima und Architektur, die von Generation zu Generation weitergegeben und damit auch weiterentwickelt wurde. Die so entstandenen Gebäude – wir nennen diese heute autochthon– verfügten über die Fähigkeit, mithilfe einfacher typologischer, konstruktiver und thermischer Strukturen die jeweiligen Klimazonen in ihren Häusern so abzubilden, dass damit die Anforderungen an die Lebens- und Behaglichkeitsbedingungen erfüllt wurden. Dies gilt für alle Klimazonen der Erde. Die zur Verfügung stehenden Ressourcen eines Ortes – deren Physis wie Materialität, Topografie, Flora und Fauna – wurden jeweils in angemessener Form eingesetzt und typologisch und konstruktiv verwertet. Die daraus entstandenen Architekturen wurden so Teil der kulturellen Identität. Dabei muss man nicht nur auf die vielen Beispiele eingehen, die die UNESCO als Welterbe gesichert hat. Vielmehr liegen die alten, autochthonen Architekturen mehr oder weniger unbeachtet am Wegesrand und beginnen zu verrotten. Das sind zum Beispiel die letzten Dörfer im Tessin, in Italien und in Portugal.

Mein Kollege und Freund Andreas Brand hat ein höchst empfehlenswertes Buch herausgebracht, das seine über viele Jahre dauernde Arbeit dokumentiert. Er hat in entlegenen Dörfern in Nepal, Vietnam und Tibet mit Skizzen und Aufmaßen einzigartige zeichnerische Dokumente erstellt, die zeigen, dass es nach wie vor autochthone Architekturen gibt, die belebt und bewohnt und in höchstem Maße lebendig sind. Diese Zeugnisse bedeuten weit mehr als die

konservierten und von Touristen überrannten UNESCO-Welter-
bedenkmäler. Sie zeugen nämlich von lebendiger Gegenwart und
autochthonen – im wörtlichen Sinn an Ort und Stelle entstandenen
– Lebensräumen, die nach wie vor vom Klima bestimmte Architekturen zeigen, die auch ohne neuzeitliche Techniken auskommen.

Evaluierung der Architektur

Über Jahrhunderte hat sich die Architektur von Generation zu Generation weiterentwickelt. Man lernte voneinander und gab das
Wissen weiter. Nach jeder neuen Art von Katastrophen wie Feuers-
brünsten, Überschwemmungen, Orkanen oder Hitzeperioden wurden die Techniken verändert und verbessert.

Als einfachstes Beispiel mag man die hohe Windfestigkeit der
Schwarzwaldhausdächer bestaunen. Nach Messungen der Dach-
formen in modernen Windkanälen kam man zu dem erstaunlichen
Ergebnis, dass diese Formen und Konstruktionen die Windstärke
12 – also Orkane – aushielten. Man mag sich fragen, wie man in
den Entstehungszeiten im 16. Jahrhundert zu solchen Ergebnissen gekommen ist. Die Antwort dürfte man in den nicht erzählten
Geschichten finden, in denen die Dächer der Schwarzwaldhöfe
reihenweise zu Schaden kamen. An denen jedoch, die dem Orkan
standhielten, lernte man die Unterschiede: im Standort und der
Ausrichtung, in der Art der Konstruktion und Dachdeckung, und
man gab die Verbesserungen weiter und übertrug diese auf andere
Gehöfte. Mit der Bewältigung des Klimas – der strengen Kälte in
den langen Wintermonaten, den zum Teil überwärmten Sonnenta-
gen im Sommer und den heftigen und ergiebigen Niederschlägen
– verfuhr man genauso. Daraus entwickelte sich das System der
Heizung und der Rauchküche mit den angelagerten Räumen und
Nebennutzungen wie der Räucherkammer. So entstand die Schichtung des Gebäudes mit der Zonierung nach der Wärmeverteilung
im Winter und der Durchlüftung im Sommer.

Wenn wir also von kybernetischen Gebäudemodellen sprechen, dann sprechen wir von einem System, in dem jedes Teilelement von den anderen Teilelementen abhängig ist und sich gegenseitig bedingt. Jedes dieser Teilelemente ist an sich selbstständig, aber nicht unabhängig in der Wirkungsweise. Dieses Prinzip, das wir „kybernetisch" nennen, umschreibt damit das System eines Wirkungsgefüges, dessen Elemente durch unmittelbare gegenseitige Einwirkung miteinander verbunden sind. Dabei geht es nicht nur um die Qualität der Wirkung, sondern auch um die Art und Weise der Verknüpfung. Man kann sagen, es geht um die Qualität der Beziehung dieser Teilelemente untereinander, damit das Ganze seine volle Wirksamkeit erreichen kann. Ich will zur Anschauung auf einige Gebäudetypen eingehen:

Das Schwarzwaldhaus gab es in verschiedenen Versionen, ich greife das Kinzigtäler Haus heraus. Am besten lässt sich dies aus der Schnittfigur erklären. Denn die Schichtung im Aufbau kann man – kybernetisch betrachtet – als äußerst effizient ansehen. Das Vieh steht in der geothermisch wirksamen Zone, die im Winter eine Grundtemperatur mitbringt und mit der Prozesswärme der Kühe den Wohntrakt mitdämmt. Das Gleiche geschieht von oben mit dem eingelagerten Heu, das ebenfalls dämmt. Der Holzofen mit der Rauchküche ist zentral angeordnet und verbreitet die Wärme ringförmig in die sich anlagernden Wohn- und Schlafräume. Die Öfen waren übrigens immer so konstruiert, dass das lange Reisigholz darin genauso verbrennen konnte wie die langen Holzscheite, die dann auch die Glut über Nacht hielten. In der angelagerten Räucherkammer wurden die Fleischwaren konserviert und im Dachraum wurde der Rauch genutzt, um Ungeziefer aus Gebälk und Heu fernzuhalten. Im Sommer war das Vieh auf der Weide, der Stall wurde zur geothermischen Kühlkammer, das Dach – ebenfalls ohne Heu – war auf Durchlüftung eingerichtet. Dies alles war die Voraussetzung für ein angenehmes Sommerklima der Wohnräume. Man könnte dies

nun beliebig ausdehnen, mit all den sinnvollen kleinen Details, angefangen bei den Kastenfenstern, der Südostausrichtung der Stube und
der Materialgerechtigkeit, die stets darauf aus war, alles bis zur letzten
Kleinigkeit zu verwerten und zu nutzen.

Das japanische Haus will ich nur kurz streifen. Die Grundstruktur ist
auf eine optimale Durchlüftung ausgelegt, welche die hohe Luftfeuch-
tigkeit reguliert. Die Tatamimatten aus Reis und die Shoi aus Papier
sorgen für eine maximale Diffusionsfähigkeit. Die Mehrschichtigkeit
von Veranda und Innenräumen – übrigens überall ohne Flurverluste
– wird ergänzt durch unterlüftete, aufgeständerte Konstruktionen und
einen ebenso durchlüfteten Dachraum.

Letztes Jahr hatte ich die Möglichkeit in China ein Dorf nahe des 30
Breitengrades zu besuchen. Das Dorf Xidi ist als Weltkulturerbe der
UNESCO eingetragen. Es ist nach wie vor bewohnt. Der 30. Breiten-
grad führt durch Marokko und die Mitte Ägyptens, dort ist es in China im Sommer ca. 38–40 Grad Celsius warm mit einer extremen Luft-
feuchtigkeit von ca. 90 Prozent.

Die zweigeschossigen Häuser dort sind alle mit einer steinernen Wand
umschlossen. Man betritt das Haus über einen schlanken, offenen Innenhof, der so ausgebildet ist, dass das Regenwasser möglichst lange
über Rinnen und Hohlräume aufbewahrt wird. Der Wohnraum im Erdgeschoss ist offen und räumlich mit etwa vier Metern Raumhöhe über-
höht. Das hat den Effekt, dass die warme Luft in einer Art natürlicher
Thermik abfließt, wenn es geregnet hat, wird das durch den schlanken
Hof unterstützt. Die Nachtauskühlung schafft ein Übriges. Die Belichtung im Erdgeschoss erfolgt ausschließlich über den Innenhof, der so
schlank ist, dass nur indirektes Licht einfällt. Im Obergeschoss ist das
nicht viel anders, dort schützen aber Klappläden vor Sonne. Die Schlafräume sind ausschließlich im Obergeschoss angesiedelt, dort wird aber
mit kleinen Lüftungsklappen für die richtige Durchlüftung gesorgt,
die über die Nachtauskühlung vorhanden ist. Die alles umschließen-
den Mauerwerkswände bilden die erforderlichen Speichermassen. Das

Abb. 2 – Patchworkhaus in Müllheim. Die Dachflächen und Seitenwänden bilden einen komplexen Luftkollektor mit transparenten Polycarbonatplatten, die eine kontrollierte Luftschicht bilden und zusammen mit den Speichermassen der Holzwände die Grundversorgung des Hauses mit passiver, solarer Energie sichern.
Foto: Ruedi Walti

eigentliche Haus ist in Holzkonstruktion darin eingestellt und sorgt mit den holzverschalten Wänden für den Diffusionsausgleich.

Die Häuser in der ariden Klimazone der arabischen Welt: Die großen Hofhäuser sind ebenfalls so zoniert, dass die geothermische Kühle der erdnahen Räume im Sommer zum Schlafen genutzt werden. Die Räume im Erdgeschoss sind so angeordnet, dass sie je nach Sonnenstand genutzt werden. Der Iwan (Empfangsbereich) liegt generell im Norden und ist an den Windturm angeschlossen, der dem Innenhof zu einem günstigen Mikroklima verhilft. Das Wasserbecken sorgt für adiabate Kühlung und die dicken Wände haben ausreichende thermische Speichermassen. Auch diese Häuser sind generell Vorbilder für eine natürliche Kühlung ohne Technik, unter der Voraussetzung, dass man die strukturellen Eigenschaften dieser Häuser richtig transformiert. Wir können uns überall auf dem Globus umsehen, Beispiele gibt es überall.

Patchworkhaus in Müllheim, Pfeifer Kuhn Architekten – *Foto: Ruedi Walti*

Patchworkhaus in Müllheim, Pfeifer Kuhn Architekten – *Foto: Ruedi Walti*

Was lernen wir daraus?

Keineswegs propagieren wir die Rückkehr zu den alten Gebäuden und wir sehnen uns auch nicht nach den Behaglichkeitsmaßstäben des 19. Jahrhunderts. Vielmehr geht es darum, die Strukturprinzipien der architektonischen Kulturen neu zu transformieren und diese in die heutige Architektur zu übertragen. Das, was die Strukturen zu leisten vermögen, ist in Vergessenheit geraten. Denn auf die Frage, was denn ein Gebäude leisten muss, ist folgende einfache Antwort zu geben:

1. das Sammeln des im Überfluss vorhandenen Sonnenlichts, um dieses in direkte Wärme umzuwandeln,

2. die Verteilung der gewonnenen Energien,

3. das Speichern der Energien, wenn diese nicht sofort genutzt werden können, um einen möglichst hohen Ausnutzungsgrad zu erzielen,

4. das Schützen vor Energieverlust, allgemein als „Dämmen" bezeichnet, bzw. die Reduzierung des Energieverlustes,

5. das Entladen von Energien (Auskühlen) oder das Entledigen der überschüssigen Wärmeenergie.

Zu den Wärmequellen gehören neben den solaren Wärmequellen die geothermischen, aber auch die Prozessenergien, die durch Menschen und Maschinen aller Art entstehen und deren Energieflüsse in den Energiekreislauf integriert werden sollten. Zählen wir zusammen, so kann man sagen, dass wir die fünf Leistungen – Sammeln, Verteilen, Speichern, Dämmen und Entladen – in der Struktur eines

Gebäudes zusammenführen müssen. Die Frage, wie wir diese zusammenführen, ist allerdings von entscheidender Bedeutung; denn alle diese Teilelemente müssen in einem sorgsam interdependenten Prozess aufeinander abgestimmt werden. Jedes dieser Teilelemente ist an sich selbstständig, aber nicht unabhängig in der Wirkungsweise. Dieses Prinzip, das wir „kybernetisch" nennen, umschreibt damit das System eines Wirkungsgefüges, dessen Elemente durch unmittelbare gegenseitige Einwirkung miteinander verbunden sind. Die Qualität der Wirkung hängt davon ab, wie die Qualität der Beziehungen der Elemente untereinander konfiguriert ist. Denn ein gutes Einzelelement kann nur in einer interdependenten Verknüpfung die volle Wirkung erzielen. Dazu gehört auch, dass das System dynamisch auf die Bedingungen der Umgebung sowie den Tages- und Jahreszyklus reagieren kann.

Entscheidend ist hierbei: Das System beruht ausschließlich auf Prinzipien und Elementen, die aus architektonischen Prozessen hervorgehen, auf Fügungs-, Gestaltungs- und Tektonikprinzipien, und diese funktionieren im Idealfall ohne technische Unterstützung. Wenn all diese Aspekte auf kohärente Weise zusammengeführt werden, in dem Sinne, dass sie sich gegenseitig bedingen und ein sich selbst regelndes, vernetztes System bilden, dann sprechen wir von einem kybernetischen Gebäude. Was wir nicht meinen, ist ein hoch technisiertes Gebilde, dessen Funktionen beim Ausfall eines Teilbereichs gleich zusammenbrechen. Wir meinen Gebäude, die als innovative, aber stabile Systeme funktionieren, die ihre Umwelt aktiv mit einbeziehen und dies in ihrer Struktur und Gestalt zeigen.

Die Ausgangslage

Nun haben wir gesehen, dass jeder Entwicklungsschritt auf den Erfahrungen der vorangegangenen Schritte aufbaute. Doch aus dem architektonischen Prinzip der fortdauernden Evaluation haben wir mit Beginn der Industrialisierung den Veränderungszyklus im-

Abb. 3 – Patchworkhaus in Müllheim. Die große Halle, die im Erdgeschoss beide Bereiche trennt und als gemeinsame Aufenthaltszone genutzt wird, wird im Obergeschoss um 90 Grad gedreht und eröffnet dort individuelle Spielräume.
Foto: Ruedi Walti

mer wieder mit Technik erweitert. Die fortschreitende technische Entwicklung, das Entwickeln einer städtischen Infrastruktur zur Versorgung und Entsorgung, neue sanitäre Systeme, die Zentralheizung und letztlich die Entwicklung einer künstlichen Kühlung ließen die architektonischen Elemente zurücktreten und schließlich sogar in Vergessenheit geraten. Die Struktur einer Technik konnte man zurückführen auf eine vorgefundene Praxis, die sie hervorgebracht hat. Diese Praxen wurden wiederum Teil eines größeren gesellschaftlichen Entwicklungsprozesses. Dieselbe Technik wurde dann wiederum Ausgangspunkt für die nachfolgenden Praxen und definierte damit einen neuen oder anderen Raum, in dem sich die Praxen ereignen.

Was ist zu tun?

Eine klimagerechte Architektur muss sich wieder auf das besinnen, was ich als „architektonisches Handwerk" bezeichne. Der klimagerechte Entwurf ist nach wie vor der Schlüssel zur Klimaarchitektur. Dazu gehört, dass wir die fünf Grundelemente dessen, was ein Gebäude leisten muss, in ein System modularer Grundelemente umbauen.

Basismodule: Zu den Basismodulen gehört in erster Linie die richtige Zonierung. Erst dann können zusätzliche Elemente hinzugefügt werden. Dabei ist das Sammeln, Verteilen und Speichern der Energien das oberste Gebot. Alle diese Module haben etwas mit diesem Thema zu tun. Der letzte Punkt ist die Nutzung von Prozessenergien.

Wandaufbau: Wenn man Wandaufbauten nach dem U-Wert berechnet, kommt man zu einem eigenartigen Ergebnis: Der Wandaufbau einer 36,5 Zentimeter starken Außenwand ohne Dämmung weist den gleichen U-Wert auf wie eine 24 Zentimeter starke Wand mit 12 Zentimetern Dämmung. Der wichtige Unterschied wird im ENEV-Nachweis nicht gezeigt. Die Wand ohne Dämmung weist erhebliche solare Wärmegewinne aus, die in der ENEV nicht berücksichtigt werden dürfen. Noch verrückter wird die Sache, wenn man vor einer Luftschicht verschiedene Materialien eingibt, wie zum Beispiel Glas oder Polycarbonatplatten, denn auch dort kommen vollkommen inakzeptable U-Werte heraus, die allesamt keine solaren Gewinne berücksichtigen.

Wie aber sieht die Gegenthese aus?

Im Gegensatz zur Neubauplanung wird die Arbeit am Gebäudebestand schwieriger und noch komplexer; denn hinzu kommt eine genaue Analyse des zu bearbeitenden Gebäudes. Dazu gehören neben den genauen klimatischen Bedingungen des Ortes auch die Konstruktion des Gebäudes, die Material- und Wandstärken, die Grundrissfiguration sowie Lage und Größe der Fenster, um nur einige

herauszugreifen. Man wird eine Art „energetischen Abdruck" benötigen, der einer in der Medizin üblichen DNA-Analyse vergleichbar
sein könnte und der damit die Grundlage für eine entwerferische
Intervention liefern würde. Damit beginnt ein Arbeitsprozess, der
einerseits eine gewisse Erfahrung mit energetischen Systemen und
Kreisläufen voraussetzt, aber andererseits in viel höherem Maß kreative Erfindungs- und Entwurfsfähigkeiten abverlangt. Ergänzend
gehört dazu, dass im möglichst frühen Konzeptstadium eine beglei-
tende thermische Simulation und Beratung in Gebäudetechnologie
stattfindet. Nur mit einer transdisziplinären Arbeitsweise sind für
den jeweiligen Altbau Entwurfsstrategien mit verschiedenen alternativen Untersuchungen möglich. Zunächst lässt sich feststellen,
dass uns dazu weit mehr Planungsmodule zur Verfügung stehen,
als man oberflächlich gesehen wahrnimmt. Denn die fünf vorgenannten Elemente des energetischen Bauens lassen sich auch auf
vorhandene Gebäude projizieren. Dazu gehören:

1. die Gebäudezonierung nach den Parametern der solaren und
geothermischen Energiegewinne. Meist ist die in den alten Gebäuden bereits vorhanden. In den oftmals großen Grundrissen lassen
sich auch gewisse Bereiche zur Energiegewinnung abtrennen und
entsprechend als Energiegärten ausbilden. Zudem können Balkone
oder Loggien – bei richtiger Lage und Orientierung – als Energiegärten umgebaut werden.

2. die Elemente zur Energiegewinnung wie Energiegärten und Luftkollektoren an Dach und Wänden. Energiegärten lassen sich als
neue Elemente an Bauten anfügen. Förderlich sind hin und wieder
die unterschiedlichen Wertigkeiten der Fassaden. Unter der Voraussetzung, dass die Dachräume nicht bis zum Letzten ausgenutzt
werden, lassen sich im Dachfirst Luftkollektoren installieren. Dazu
genügt unter Umständen eine Eindeckung mit Glasziegeln. Zu den

Luftkollektoren gehören genau genommen auch Kastenfenster, denn richtig gebaut und angewandt, schaffen sie vorgewärmte Luft ins Rauminnere oder sorgen für Nachtauskühlung.

3. die Elemente zur Verteilung der gesammelten Energien wie einfache Hypokaustensysteme in Böden oder auch Wänden in Form einfacher zweiter Raumschalen.

4. die Elemente zur Speicherung der gewonnenen Energien. Alte Gebäude verfügen wegen der dicken Wände über ausreichend viel Speichermassen. In den Kellerräumen trifft man oft noch auf ein Vielfaches davon, vor allem wenn alte Gewölbekeller vorhanden sind. Diese Speichermassen sind als große Energiepotenziale anzusehen; sie werden über die thermodynamische Simulationen in die Energiebilanz mit einbezogen.

5. die Elemente zur Kühlung. Dazu kann man die natürliche Thermik, die in bestehenden Gebäuden meist vorhanden ist, heranziehen. Treppenräume sind in den meisten Fällen an die Kellerräume angeschlossen, liegen auf der sonnenabgewandten Seite des Gebäudes und bilden somit einen „thermischen Kamin", der zur Kühlung dient. Die Steuerung der Thermik lässt sich oftmals bereits mit kleinen Verbesserungen der Raumabschlüsse und dem Einsatz von steuerbaren Öffnungen herstellen. Neue Schächte oder andere thermische Verknüpfungen können ergänzend hinzugefügt werden.

6. die Nutzung von Prozessenergien. Die Verknüpfung der vorgenannten Elemente bringt es mit sich, dass die im Raum vorhandenen Energien von Mensch und Maschinen in den Kreislauf des Systems einbezogen werden und somit auch rechnerisch in die Energiebilanz einfließen.

Abb. 4 – Patchworkhaus Müllheim. Auf künstliche Dämmstoffe wird verzichtet.
Die im Dachspitz gesammelte Wärme wird über den zweiten Kaminzug mittels
eines kleinen Lüfters zur weiteren Verteilung in die erdgeschossige Halle befördert.
In den betonierten Geschossdecken ist eine Bauteilaktivierung integriert.
Foto: Ruedi Walti

Zusammenfassung

Wenn ich zum Schluss noch eine Art von Zusammenfassung geben
will, dann müsste ich eigentlich noch mal von vorne anfangen. Denn
das Wichtigste wäre der Umbau der städtebaulichen Strukturen nach
kybernetischen Modellen. Das aber hieße: Wegfall der Segregation
aller und jedweder Arten und überall. Denn eine interdependente
Nutzungsmischung würde bedeuten, dass jeder von jedem profitiert
– also derjenige, der Prozessenergien produziert, muss sie dem zu-
führen, der sie gebrauchen kann. Dieses Denken vom Teil und dem
Ganzen ergibt eine andere Struktur der Ganzheit. Die Erkenntnis,
dass Gebäude Teil eines energie- und wirtschaftspolitischen Systems
sind, in dem selbst die Baustoffauswahl als sozialer Prozess verstanden werden muss, eröffnet eine völlig andere Perspektive. Darüber
hinaus wird man Belichtungs- und Belüftungsparameter entwickeln

Abb. 5 – Patchworkhaus Müllheim. Die komplexe innere Raumgeometrie des Hauses führt zu einem flexibel nutzbaren Haustyp unter einer intelligenten, effizienten Hülle. Das Bild der transparenten und reflektierenden Außenhaut, die ein Wechselspiel von durchscheinendem Holz, sich spiegelnder Landschaft und sich abbildenden Innenräumen hervorruft, steht im Kontrast zu den dunkel verputzten Giebelwänden und der klassischen Hausform. – *Foto: Ruedi Walti*

müssen, die jedem Gebäude energetisch ausreichende Besonnung garantieren. Klimaaktive Fassaden – als Gegenbild zu den klimapassiven und gedämmten Fassaden – machen die Formel vom Idealverhältnis Hüllfläche zu Volumen obsolet.

Fassen wir alle diese Forderungen zusammen, müssen wir konstatieren, dass wir uns im Grunde genommen in einer Krise der Wahrnehmung befinden. Diese entspringt dem Umstand, dass wir die Vorstellungen und Begriffe des überholten mechanistischen Weltbildes auf eine Wirklichkeit anzuwenden versuchen, die sich längst gewandelt hat. Wir leben schon länger in einer global vernetzten Welt, in der die Interdependenz aller biologischen, psychologischen, soziologischen und ökologischen Phänomene nicht mehr zu übersehen ist. Um diese Welt angemessen bewältigen zu können, brauchen wir die integrale, kybernetische Perspektive.

Lehm und

Abb. 1 – Lehmhütte mit altem Mann in Mosambik – Foto: Eike Roswag

Im Einklang mit der Natur – Häuser in Entwicklungsländern Bacar Bachiruna, der Bürgermeister von 25 de Junho, einem kleinen Ort im Norden von Mosambik, lobt das wunderbare Raumklima der traditionellen Lehmhäuser seines Dorfes, in denen sich die Ernte der Bauern sehr gut hält und in denen die Bewohner gesund und komfortabel leben. Bachiruna träumt aber von einem Haus aus Zement oder Ziegel mit Wellblechdach, das sich im Sommer stark aufheizt und in dem es schimmelt, da das Material nicht gut für das lokale Klima geeignet ist. – *Abb. 1* Vergleichbare Phänomene kennen wir aus vielen Ländern des Südens. Nach Recherchen von Eartharchitecture.org lebt die Hälfte der Menschheit in Häusern, in denen Lehm verbaut ist oder die komplett aus Lehm erbaut wurden. Dies sind zu großen Teilen die ärmsten Menschen der Welt, die in einfachen Lehmhütten leben. Die Lebensdauer dieser Häuser beträgt in der Regel fünf bis zehn Jahre. Sie werden sehr oft nicht fertig gebaut und haben nach der Hälfte ihrer Lebensdauer grundlegende Mängel wie undichte Dächer und schadhafte Wände etc. So leben die betroffenen Menschen über weite Strecken ihres Lebens in unzumutbaren Behausungen. Neben der Ernährung ist ein sicheres Obdach wohl die wichtigste Grundlage für Gesundheit und zur Entfaltung eines würdigen, selbstbestimmten Lebens.

In armen Ländern wie Bangladesch, Mosambik und Pakistan verhindern hohe Kosten von energie- und ressourcenintensiven Materialien deren Nutzung und die Menschen verwenden Naturbaumaterialien und traditionelle Bautechniken für ihre Behausungen. Sie leben so in sehr engen Kreisläufen, meist als Selbstversorger mit geringem Zusatzeinkommen, weitgehend im Einklang mit der Natur und tragen nur in sehr geringem Maße zur klimatischen Veränderung auf unserem Planeten bei. Was im Gegenzug passiert, wenn Länder wie Indien und China boomen und ihre Bauaktivitäten mit energieintensiven Ressourcen analog zu unse-

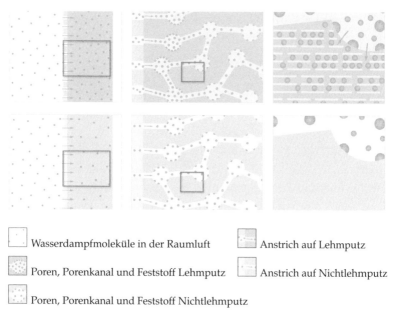

☐ Wasserdampfmoleküle in der Raumluft

☐ Poren, Porenkanal und Feststoff Lehmputz

☐ Poren, Porenkanal und Feststoff Nichtlehmputz

☐ Anstrich auf Lehmputz

☐ Anstrich auf Nichtlehmputz

Abb. 2 – Grafische Darstellung der Luftfeuchtesorption bei Lehmputzen (oben)
und Nichtlehmputzen (unten)
Zeichnung: Ziegert | Roswag | Seiler Architekten Ingenieure

rer entwickelten Welt umsetzen, erleben wir seit ein paar Jahren
mit explodierenden Rohstoffpreisen und sich rapide verändernden Märkten.

Ökologisches Bauen mit Lehm und Naturbaustoffen

Lehm und Naturbaustoffe nehmen in kurzer Zeit sehr große Mengen Feuchtigkeit auf und geben diese bei geänderten klimatischen
Bedingungen wieder ab und steuern so das Raumklima. Dies zeigen die Messungen von Christof Ziegert, dargestellt in den Grafiken zur Feuchtesorption von Lehmputzen und Nichtlehmputzen.
Gebäude, in denen vorrangig Lehm und feuchteabsorptionsfähi-
ge Naturbaustoffe verbaut sind, weisen trotz intensiver Nutzung

und Verdunstung von Feuchte sehr geringe Schwankungen in der Raumluftfeuchte auf. Neben der stabilen Raumluftfeuchte weisen Lehmhäuser in Abhängigkeit zur Feuchtesteuerung stabile Raumtemperaturen auf. Bei intensiver Nachtauskühlung haben Lehmhäuser zudem einen sehr hohen sommerlichen Wärmeschutz oder besser gesagt geringe Innentemperaturen. Schon Hassan Fathi hat hierzu in den 1970er Jahren Untersuchungen gemacht, die sich mit exemplarischen Messungen unseres Büros in Abu Dhabi und Brandenburg decken. Die Innenraumtemperatur weist nur sehr geringe Schwankungen im Bereich von zwei bis drei Grad auf und kann acht bis zehn Grad unter der Außentemperaturspitze liegen. Dies hat großes Potenzial in unserem Klima, insbesondere im Bereich hochgedämmter „leichter" Häuser, in denen sommerliches Kühlen auch im Wohnungsbau zunehmend zum Thema wird. Aber auch im gemäßigten warmen Klima, zum Beispiel in Südeuropa, Teilen von Afrika, Indien etc., kann bei Nutzung dieser Potenziale weitgehend auf mechanische Kühlung verzichtet, Komfort und Effizienz gesteigert werden. – *Abb. 2*

Die Feuchtigkeitsaktivität wird dem Lehm zum Problem, wenn er mit aufsteigender Feuchte und Regen konfrontiert wird. Darauf muss in der Planung und Realisierung, insbesondere über Horizontalabdichtungen, solide Dachkonstruktionen bzw. Außenwandbekleidungen, reagiert werden. In der Umnutzung kann Lehm aber einfach mit Wasser eingesumpft und endlos wiederverwendet werden. Wenn ein Gebäude nicht wieder Verwendung finden soll, kann der Lehm auch an die Natur zurückgegeben werden. – *Abb. 3*

Bei guter Planung der Umbaubarkeit gilt dies in sehr ähnlicher Weise für Holz, Cellulose und weitere Naturbaustoffe, die oftmals direkt ohne Verluste oder Verwertungskaskade wiederverwendet werden können. Obige Funktionen kann Lehm jedoch nur gewährleisten, so lange er als nicht stabilisierte Konstruktion

Abb. 3 – Das Fort Al Jahili in Al Ain (UAE), Umbauphase – *Foto: Eike Roswag*

realisiert wird. Dies geschieht oftmals zum Beispiel mit Zement. Stabilisierte Lehmbauten verlieren ihre klimasteuernde Wirkung und werden nach ihrer Nutzung zu Bauschutt und können nicht wiederverwendet werden.

Niedrigenergiehäuser ohne Lüftungsanlagen

Die Notwendigkeit, sparsamer mit unseren fossilen Ressourcen umzugehen, führt in unserem Klima dazu, Häuser zunehmend zu dämmen und hermetisch abzudichten, um nicht unkontrolliert Energie zu verlieren oder konstruktive Schäden hervorzurufen. Dies erfolgt meist mit konventionellen Baustoffen wie Styropor und Mineralwolle und Dampfsperren, um die Konstruktionen zu schützen, was zu einer Überhöhung der Raumluftfeuchte, Kondensat und Schimmel führt. Um eine ausreichende Lüftung zur Vermeidung von Schimmel zu gewährleisten, werden bei Verwendung konventioneller Baustoffe mechanische Lüftungsanlagen notwendig.

Häuser aus Naturbaustoffen mit diffusionsoffenen Bauteilen und ausreichend Speicherfähigkeit steuern die Raumluftfeuchte, ha-

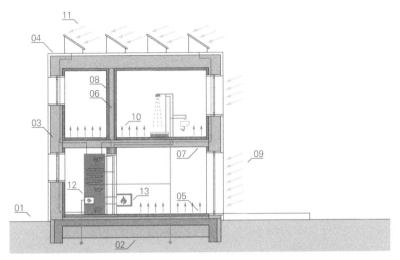

01: Baugrund
02: Bodenplatte, Schaum-
glasdämmung, Stahlbeton
03: Wände, Holzbau,
Zellulose
04: Dach, Holzbau, Zel-
lulose
05: Bodenaufbau EG,
Fußbodenheizung

06: Innenwand Holzbau,
Lehm
07: Decke Brettstapel
08: Lehmbekleidung,
Steuerung, Raumklima
09: Passive Solarenergie-
nutzung über Fenster

10: Wärmeversorgung
über Fußbodenheizung
11: Solarenergienutzung
Solarkollektor
12: Schichtenspeicher,
integrierter Gasbrenner
13: Zusatzheizung, Passiv-
hauskamin

Abb. 4 – Schema Niedrigenergiehaus ohne Lüftungsanlage
Zeichnung: Ziegert | Roswag | Seiler Architekten Ingenieure

ben eine gesunde Raumluftfeuchte, eine stabile Innentemperatur und kein Schimmelproblem. Sie können bei richtiger Produktwahl schadstofffrei realisiert werden, und es entsteht ein verringerter Lüftungsbedarf, der sich am CO_2-Gehalt in der Luft misst. Dieser liegt weit unter den Mindestluftwechselraten, die zum Beispiel in der Rechnung nach Energieeinsparverordnung angewendet werden und kann effizient über sogenannte „freie Fensterlüftung" erfolgen. Niedrigenergiehäuser aus Naturbaustoffen ohne Lüftungsanlagen sind komfortabler als konventionell errichtete Gebäude

Das Fort Al Jahili in Al Ain (UAE), Umbauphase – *Foto: Eike Roswag*

Das Fort Al Jahili in Al Ain (UAE), Umbauphase – *Foto: Eike Roswag*

und in der Energieeffizienz vergleichbar zu konventionellen Gebäuden. Diese Bauweise lässt sich grundsätzlich in Wohn- und Nichtwohngebäuden, Neu- und Bestandsbauten umsetzen.

Klimaangepasstes Design
und nachhaltige globale Entwicklung

Anhand von Klimadaten und der Analyse lokaler Bautradition lassen sich Gebäude auch mit modernen Funktionen, wie zum Beispiel Schulen, klimaangepasst mit geringem Technikeinsatz gestalten. Neben der Ausrichtung, Belichtung und Belüftung spielt insbesondere die Verwendung lokaler Materialien und Bautechniken eine große Rolle. So entstehen lokal geprägte Gebäude, die sich an den Fähigkeiten der Menschen orientieren, lokale Bautradition fortschreiben, Einkommen und Identität stiften. In gemäßigten Klimazonen braucht man mit den am Klima angepassten Gebäuden aus Lehm weder Heizung noch Kühlung. Die Ökobilanz in Form einer Lebenszyklusbetrachtung wird nur von der Gebäudehülle geprägt und fällt sehr positiv aus. Es entstehen kleine Stoffkreisläufe und eine kleinteilige dezentrale Wirtschaftsstruktur, von der die Menschen lokal profitieren. Insbesondere in Regionen, in denen noch eine aktive Lehmbautradition vorherrscht, sollte diese gefördert und weiterentwickelt werden. Meistens sind es nur einfache technische Probleme, die einer Weiterentwicklung der lokalen Bautradition entgegenstehen.

Die „Habitat Initiative Cabo Delgado" im Norden von Mosambik sucht nach Lösungen, die lokale Häuser aus Lehm und Bambus dauerhaft machen. Ziel ist es, die Bautradition einer Region fortzuschreiben und den Menschen zu günstigen Preisen komfortable Wohnhäuser und lokales Einkommen zu schaffen. Als Anschauungsobjekte wurden 11 Schulen in einem verbesserten Bausystem errichtet, die sich in ihrer Gestaltung sehr nah am Original bewegen, einfache lokale Handwerksfähigkeiten aufnehmen und die

Traditionelles Wohnhaus

Abb. 5a – Habitat Initiative Cabo Delgado, Mosambik;
Entwicklung der Gebäudetypen, Recherchephase
Zeichnung: Ziegert | Roswag | Seiler Architekten Ingenieure

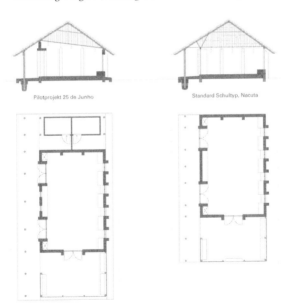

Pilotprojekt 25 de Junho   Standard Schultyp, Nacuta

Abb. 5b – Habitat Initiative Cabo Delgado, Mosambik;
Entwicklung der Gebäudetypen, Planungs- und Realisierungsphase
Zeichnung: Ziegert | Roswag | Seiler Architekten Ingenieure

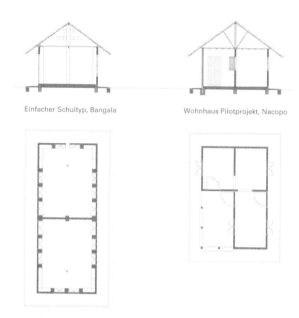

Einfacher Schultyp, Bangala   Wohnhaus Pilotprojekt, Nacopo

Abb. 5c – Habitat Initiative Cabo Delgado, Mosambik;
Entwicklung der Gebäudetypen, Planungs- und Realisierungsphase
Zeichnung: Ziegert | Roswag | Seiler Architekten Ingenieure

traditionellen Materialien Lehm und Bambus verwenden. Parallel
zu den Schulen wurde ein Vorschlag zur Weiterentwicklung des
lokalen Wohnhauses entwickelt, der technische Probleme löst, sich
aber komplett traditioneller Techniken bedient, also mit geringer
Unterstützung von den Bewohnern selber errichtet werden kann.
Für die Verbesserung der Gründung, eine Horizontalsperre und die
Verwendung von Borax zum Schutz des Bambus gegen Termiten
würden Kosten von 50 bis 80 Euro entstehen, die für einen Tagelöhner ungefähr der Verdopplung des Aufwandes zur Errichtung
des Hauses entsprechen. Bei kontinuierlicher Wartung ist das Haus
in seiner Lebensdauer nicht begrenzt. Für den informellen städtischen Ballungsraum ließen sich zwei- bis dreigeschossige Häuser
aus Bambus und Lehm entwickeln, die kostengünstig zu Verbesserungen der Wohnverhältnisse beitragen könnten. – *Abb. 5a, 5b, 5c, 5d*

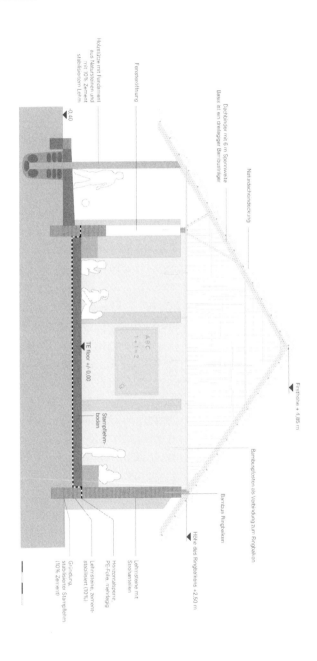

Abb. 5d – Habitat Initiative Cabo Delgado, Mosambik; Schnitt mit Konstruktionsdetails
Zeichnung: Ziegert | Roswag | Seiler Architekten Ingenieure

Integrative Planung und positive Kommunikation

Neben der Einbeziehung klimatischer und kultureller Aspekte kommt vor allem der Beteiligung der Bewohner und Nutzer sowie deren Erfahrungen und Vorgaben für Bauvorhaben eine große Bedeutung zu. Die Menschen vor Ort kennen ihre Konflikte am besten. Die Einbeziehung ihres Wissens verbessert die Erfolgschancen von Projekten. Nur in einem von Respekt geprägten, gemeinsamen Prozess kann Zusammenarbeit und können somit auch Projekte erfolgreich werden. Die Menschen wollen gern Verantwortung übernehmen; diese muss ihnen aber zugestanden werden. Insbesondere positives Denken und progressiven Diskurs kann man von den Menschen   erlernen. Komplexere Aufgabenstellungen und die Betrachtung neuer Aspekte in der Planung und Bewertung baulicher Strukturen sind nur im Team von Fachleuten und in einem progressiven Diskurs zu lösen. Dieser schöpft aus einem breiten Erfahrungsschatz von Individuen, ermöglicht Sichtweisen und Lösungen, die weit über die Fähigkeiten des Einzelnen hinausgehen und ist in keinem Fall ein Kompromiss, der nur die Abschwächung der Einzelposition wäre.

Neue Designparameter als Optionen einer neuen Welt

Sich verschärfende und rapide ändernde Rahmenbedingungen, insbesondere des Klimas, aber auch gesellschaftliche Prozesse stellen viele sicher geglaubte Erfahrungen und lange gelebte Praxis infrage und fordern zum Umdenken auf. Veränderungen sind Chancen, die gestaltet und gelebt werden wollen und uns Spielraum geben. Architektur, die stärker aus ihren inhaltlichen Rahmenbedingungen wie der Aufgabenstellung, den Klimabedingungen, dem baulichen Kontext und technischen Aspekten heraus entwickelt ist, wird wieder Vertrauen schaffen und zunehmend gesellschaftliche Anerkennung genießen.

Unsere hochentwickelte Wirtschaft und Gesellschaft sucht Lösungen meist in komplexerer Technologie und weiteren Regeln. Ziel sollte unter Anwendung unseres hohen Wissensstandes die Vereinfachung und das Suchen nach schlankeren und intelligenteren Lösungen sein, die bemüht sind, Technik nur im notwendigen Maße und dort einzusetzen, wo sie wirkliche Verbesserung zur Folge hat. Unsere natürlichen und fossilen Ressourcen sind begrenzt. Die globale Gesellschaft und ihre Systeme sind im Umbruch. Die Teilnahme am globalen Diskurs über Lösungswege und das Einbringen unserer Erfahrungen gibt uns Möglichkeiten zur Mitgestaltung, wird von uns aber auch Reformwillen und Mut zur Veränderung verlangen. So lange wir unseren Gestaltungsspielraum kreativ nutzen und (sich) Strategien für die Zukunft entwickeln (lassen), werden wir eine Perspektive haben.

Verbindung(s)lösung

Leben in der Mehrwegpfandflasche

von Prof. Annette Hillebrandt

Abb. 1 – Fassade als „Rohstofflager", Architekten: msah: m.schneider a. hillebrandt architektur, „Metallwerkstück", Firmensitz Bad Laasphe – *Foto: Christian
Richters*

Verantwortung des Bauens – Veränderung des Bauens
Bis zu 60 Prozent des Müllaufkommens in Deutschland
hängen mittelbar mit dem Bausektor zusammen. Zurück-
blickend auf das Bauen vor der Industrialisierung wird man feststellen, dass Gebäude als erweiterte Hülle des Menschen angesehen
wurden. Die zu ihrem Bau erforderlichen Rohstoffe wurden meist
unmittelbar vor Ort gefunden. Es handelte sich umwenige, organische und mineralische Baustoffe, die sortenrein verbaut wurden
und die in den natürlichen Kreislauf der Kompostierungoder Ver-
erdung eingebunden waren. Hochwertige Bauteilekonnten Wiederverwendung finden durch Demontage lösbarer Verbindungen.

Im Bauen seit der Industrialisierung jedoch steigt die Zahl der Baustoffe und Bauprodukte von Jahr zu Jahr. Die globale Verfügbar-
keit wird unter Inkaufnahme hoher Transportenergie ermöglicht.
Eine unübersehbare Zahl unverrottbarer Kunststoffe, deren chemi-
sche Zusammensetzung kaum ein Produzent kennt, ist im Handel;
meist sind diese am Ende ihrer Nutzungsdauer nur thermisch zu
„verwerten". Die Verwendung von Kompositbaustoffen im Gegensatz zur Sortenreinheit steht der Wiederverwendung von Bauteilen
entgegen. Durch unlösbare Klebeverbindungen in Sandwichkonstruktionen oder Detailbefestigungen steigt der Müllberg.

Das Bauen im Digitalen Zeitalter ermöglicht CAD-gesteuert die Ge-
nerierung „freier Formen". Gepaart mit Unkenntnis oder Ignoranz
gegenüber der Materialleistung und –fügung entstehen Architekturen, deren Aufwand nicht mehr im Verhältnis zur Nutzung steht.
Die „Materialwerdung" dieser Formen nimmt meist groteske Züge
an, beispielsweise das Bauen von 1:1-Schablonen und Schalungen
von Flächen mit immer wechselnden Krümmungen sowie Unter-
konstruktionen aus einer Vielzahl unterschiedlichster Bauteile und
Abmessungen.

Nachhaltigkeit des Bauens
Technologischer Fortschritt

Abb. 2 – Nachhaltigkeit im Widerspruch zum technologischen Fortschritt
Zeichnung: Hillebrandt mit Düllmann-Lüffe

Die Bedeutung der Form für einen effizienten Umgang mit Ressourcen im Bauen wird oft unterschätzt oder zugunsten der vermeintlich schöneren Form ignoriert. – *Abb. 2*

Veränderungsmöglichkeiten
– Ansatzpunkte für das Bauen im „Eine-Welt-Zeitalter"

Die Voraussetzung für den Umgang mit dem begrenzten, wertvollen Ressourcenpool dieser einen Erde muss lauten: „Alles nur geliehen!" Es erfordert den generellen Haltungswandel vom „Verbraucher" und „Entsorger" zum „Nutzer, Mieter, Recycler". Dies setzt eine besondere Auswahl von Materialien, Bauprodukten und konstruktiven Details voraus, die Bauen und Abbauen als einen geschlossenen Kreislauf begreift – ohne Müllproduktion. Ein Bauen nach dem „Cradle-to-Cradle-Prinzip", frei nach Braungart/ McDonough.

Rückführung in den „biologischen Stoffkreislauf"

Dabei ist die einfache Variante die des vorindustriellen Zeitalters: Am Ende der Nutzungszeit verfallen die Gebäude vor Ort, das heißt sie verrotten oder vererden und werden so wieder zu Nährstoffen im biologischen Kreislauf. Wenn daraus neue Baustoffe hergestellt werden, muss allerdings Energie hinzugefügt werden, hierbei darf es sich nur um „regenerative Energie" handeln. Diese Lösung eignet sich zur Anwendung im ländlichen, dünn besiedelten Bereich.

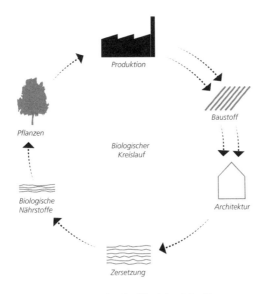

Abb. 3 – Biologischer Stoffkreislauf des Bauens
Zeichnung: Hillebrandt mit Düllmann-Lüffe, frei nach Braungart/McDonough

Komplizierter wird ein Verrottungsprozess, bei dem die ursprüngliche Herstellungsenergie des Baustoffs zurückgewonnen werden soll. Hier muss die Konstruktion – wiederum unter Energieaufwand – demontiert werden und dann in Sammelstellen unter Energieerzeugung verrotten (Biogasanlage), wozu sich nur wenige biologische Materialien eignen. Auch die „thermische Verwertung" in zentralen Anlagen wird nicht Herstellungsenergie, Demontageenergie und Transportenergie aufwiegen und ein Downcycling entspricht nicht dem Prinzip. Hier wird also regenerative Energie weiter zugeführt werden müssen. – Abb. 3

Rückführung in einen „technischen Wertstoffkreislauf"
Dies ist möglich durch direkte Wiederverwendung des Bauteils nach Demontage. Diese Wiederverwendungsmöglichkeit ist jedoch höchst unwahrscheinlich, da Bauwerke meistens – und das ist für

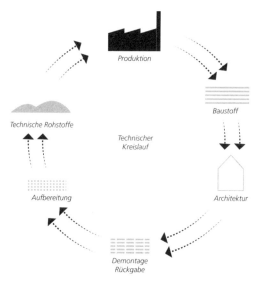

Abb. 4 – Technischer Kreislauf des Bauens
Zeichnung: Hillebrandt mit Düllmann-Lüffe, frei nach Braungart/McDonough

das Bauen im Kontext gut so – Unikate sind. Außerdem unterliegen die Bauteile in den industrialisierten Ländern einer Entwicklung unter ständiger Leistungssteigerung, was sie schon nach wenigen Jahren für die meisten Zwecke nicht mehr ausreichend erscheinen lässt. Diese direkte Art der Wiederverwendung ist von großer Bedeutung für temporäre Bauten mit Wiederholungsfaktor (Messepavillons, Notunterkünfte, Hilfskonstruktionen).

Für die Mehrheit der Anwendungen – passend für langfristig angelegte Gebäudenutzungen – muss ein anderes Prinzip angewandt werden. Nach Demontage der Konstruktionen müssen diese in geeigneten Sammelstellen aufbereitet werden und erst der neu daraus entwickelte, zeitgemäß leistungsfähige Baustoff wird wieder verwendet. Hier darf ausschließlich regenerative Energie für Herstellung, Demontage und Aufbereitung verwendet werden. – *Abb. 4*

Für den Bereich der nicht sortenreinen, nicht vererdenden, technische Baustoffe (zum Beispiel Stahlbeton) besteht nur die Möglichkeit eines Downcyclings. Das implementiert einen zusätzlichen Aufwand als Ausgleich für den Leistungsverlust. Das Downcycling von technischen Materialien kann in Zukunft nur Anwendung in Ausnahmefällen sein, wenn zum Beispiel Bauwerk und Bauteil gemeinsam eine sehr lange Nutzungsdauer versprechen. Denn selbst im Autofahrerland Deutschland ist der Bedarf an Schotterbetten für Autobahnen endlich!

Architektur vierdimensional (zurück)denken

Die Nutzungsdauer eines Gebäudes muss mit in die Planung und Genehmigung eingehen. Architekten und Bauingenieure agieren heute aus dem nicht mehr zeitgemäßen Bewusstsein eines „Bauens für die Ewigkeit". Demontage muss Teil der Planung werden!

„Leben in der Mehrwegpfandflasche" – Gebäude als Rohstoff- und Energielager

Je kürzer die Nutzungsdauer, desto schärfer muss eine Rückbau-/ Materialrücknahmegarantie eingefordert werden können. Temporäre Bauten müssen sofort und ausnahmslos in einem geschlossenen Kreislauf von Herstellung, Aufbau, Abbau, Wiederverwendung und –verwertung geplant werden. Konstruktionen müssen demontabel sein, die Rücknahme der Baustoffe muss nachgewiesen werden, anderenfalls wird keine Baugenehmigung erteilt. Wie viele Tonnen an Müll könnten vermieden werden, wie viele Tonnen an Wertstoffen gewonnen werden, wenn allein nur alle Messebauten diesem Prinzip folgten! Mittelfristig müssen beim Bau von Gebäuden mit länger prognostizierter Nutzungsdauer Bauherren und Investoren für den Rückbau des Gebäudes verantwortlich gemacht werden. Dies muss mit dem Genehmigungsantrag geschehen.

Ziel muss die Vermeidung von Müll und Energieverschwendung in Form von Kompositen, Sandwichelementen, „Systemen" und verklebten Konstruktionen sein.

Umsetzungsszenario: Rückbaukonzept mit Kaution

Stellen wir uns vor: Alle Bauten sind nur bei Vorlage eines Rückbaukonzeptes und Hinterlegen einer Kaution genehmigungsfähig. Die Kaution garantiert den Rückbau des Gebäudes nach Ablauf der Nutzungsdauer, für den Fall, dass die Immobilie unverkäuflich ist, niemand Interesse an einer Weiternutzung hat, die Substanz zu schlecht für eine Weiternutzung ist, der Besitzer insolvent ist oder das Erbe nicht angetreten wird. Die Kaution wird über die Zeit der Nutzungsdauer des Gebäudes in einem Bundesfond verzinst angelegt. Sie wird dem Immobilienbesitzer zurückgegeben bei Nachweis des Rückbaus gemäß Rückbaukonzept und Renaturierung des Grundstückes. Die Berechnungsgrundlagen der Kautionshöhe könnten sein:

Demontierbarkeit der Konstruktion

+	mechanisch manuell
+/-	mechanisch maschinell
-	unter Zerstörung der Konstruktion

Recyclingfreundlichkeit der verwendeten Bauwertstoffe

+	biologisch-energetisch direkt verwertbar
+	technisch-sortenrein direkt verwertbar
-	nach mechanischer, thermischer oder chemischer Trennung verwertbar

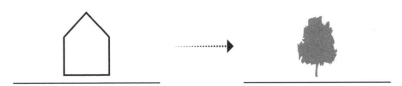

Abb. 5 – Ruinen zu Landschaften!
Zeichnung: Hillebrandt mit Düllmann-Lüffe

Als Kalkulationstool für die Berechnung der Kautionshöhe sollte in Anlehnung an die Kostenberechnung vor dem Bauantrag eine „Rückbauberechnung" erfolgen, so wie heute auch schon die Ökobilanzierung an die Software der Kostenberechnung gekoppelt wird. Die Rückbauberechnung wird fortgeschrieben und mündet am Ende vergleichbar mit dem Kostenanschlag im „Rückbauanschlag".

Fallbeispiel

Am Ende der Nutzungsdauer einer Immobilie könnte zum Beispiel der freie Direktverkauf einer Metallfassade an den Meistbietenden inklusive Demontage stehen, was eine Einnahme bedeutet. Für Rückbau, Verwertung des „Restgebäudes" und Renaturierung wird die Beauftragung einer Verwertungsfirma erforderlich, was zu einer Ausgabe führt. Anschließend kann bei Nachweis des rückstandsfreien Rückbaus und Renaturierung der Rückerhalt der verzinsten Kaution gefordert werden, was wiederum eine Einnahme generiert. Langfristig betrachtet führt dies also nicht dazu, dass Bauen teurer würde, sondern dass jeder Bauherr entsprechend seiner Verantwortung für die Umwelt nachhaltiger und verantwortlicher planen lassen muss.

Bauruinen werden zu „blühenden Landschaften"

Blühende Landschaften wurden versprochen; Landflucht, Leerstand, Investitionsruinen und soziale Brennpunkte in ganzen Vierteln und

Landstrichen sind die Realität. Das „Rückbaukonzept mit Kaution" würde eine Flächenschonung durch eine zukunftsweisende Stadtentwicklung und -schrumpfung ermöglichen: Durch die Rückbaupflicht des Gebäudes und Renaturierung des Grundstückes durch den Bauherrn/ Investor nach Ablauf der Nutzungsdauer oder bei Unverkäuflichkeit verwandelt sich ein ungenutzter oder unrentabler Bauplatz nicht in einen Müllplatz, der eine Abwärtsspirale der Werte der Nachbargrundstücke auslöst, sondern in eine lebenswerte „Naturnische", einen Baumstandort, eine „blühende Landschaft". - Abb. 5

Umsetzungsszenario: Rückbaukonzept mit Hypothek

Als Variante vorstellbar wäre, alle am Bau verwendeten Materialien und Konstruktionen – ebenfalls in Kopplung mit Kostenberechnungs- und Kostenverfolgungssoftware – gemäß ihrer Demontagefähigkeit und Recycelbarkeit zu bewerten, und so eine „Rückbauhypothek" auf das Gebäude auszulösen. Bauteile, die leicht zu demontieren und/oder sortenrein sind und auf dem Rohstoffmarkt sogar einen Gewinn erzielen, wirken sich positiv auf die „Rückbauhypothek" aus. Bauteile wie Komposite oder Sandwichkonstruktionen, deren Trennung einen erheblichen Aufwand verursacht und deren Wiederverwendung oder -verwertung problematisch ist, werden die „Rückbauhypothek" negativ beeinflussen. Bei Veräußerung der Immobilie wird die Hypothek mitbewertet; nur nachhaltig geplante Gebäude erzielen einen interessanten Gewinn. In einer Datenbank über das Rückbaupotenzial werden die Einheitsrückbaupreise fortgeschrieben, sodass jeder Immobilienbesitzer aktuell entscheiden kann, ob er jetzt Bauteile austauschen sollte, weil ihr Recycling oder gar ihre „Entsorgung" immer teurer wird oder Rohstoffe in der Fassade länger hält, weil deren Preise stetig steigen. So bleiben Pflege und Erneuerung ein Dauerthema für den Immobilienbesitzer, was einerseits zu einer wünschenswerten Verantwortung des Immobilienbesitzers führt und andererseits ein nachhaltiges Wirtschaftswachstum schafft. Für Michael Braungart die „intelligente Verschwendung".

Neue Planungsstrategien

Ein Paradigmenwechsel bei der Planung von Immobilien ist dringend erforderlich. Eine „Leistungsphase 10" nach HOAI, die „Rückbauplanung", steht an. Hierbei wird es um den Nachweis der Lösbarkeit aller Bauteilschichten gehen, um die einzelnen Materialien in einen Verwertungskreislauf zu führen. Eine Auswahl nachhaltiger Materialien und Beschichtungen kann heute schon nach entsprechender Recherche, zum Beispiel über GISCODES, Ökobau. dat, WECOBIS oder EPD-Datenblätter, erfolgen. In ihrem Zertifizierungssystem arbeitet die Deutsche Gesellschaft für Nachhaltiges Bauen (DGNB) mit dem „Steckbrief 42" daran, die Lösbarkeit von Bauteilschichtenaufbauten mit dem Ziel der möglichst sortenreinen Gewinnung von hochwertigem Recyclingmaterial zu bewerten. Hierbei werden die Rückbaubarkeit der Konstruktion und die Trennung der Bauteilschichten in die Qualifizierung eingehen. Darüber hinaus ist es jedoch erforderlich, auch das Konstruktionsdetail im Einzelnen zu betrachten. Im Vergleich zur Detaillierung vor ca. 30 Jahren ist ein starker Trend zu verklebten Detailkonstruktionen zu beobachten vom Attikadetail bis zum Rollladenkasten.

Unser Forschungsthema „ReBauKo" beschäftigt sich damit, den Aufwand zur Lösung von Details zu klassifizieren. Wir arbeiten daran, die Standarddetailsammlungen zu überplanen und alle Detaillösungen hinsichtlich der „Leistungsphase 10 HOAI" zu bewerten und verbesserte, lösbare Detaillierungen in einer „ReBauKo-Detailsammlung" zusammenzufassen. – *Abb. 6, 7*

Die Demontagefreundlichkeit des Details, die Sortenreinheit der gewonnenen Materialien und die Recyclingfähigkeit sollen untersucht und verbessert werden. Dabei darf auch die Funktionalität der Detaillösung und ihre ästhetische Wirkung nicht übersehen werden. Viele Architekten entscheiden sich aus ästhetischen Beweggründen für eine „unsichtbare Detaillierung" oder für fertig verklebte Bauteile zugunsten kürzerer Bauzeiten. Beides widerspricht dem

Recyclingpotenzial, daher sind Überarbeitungen dieser Details und Produkte zugunsten einer weiteren Verwertbarkeit ihrer Ausgangsstoffe notwendig. Ebenso ist es bedeutsam, die Leistung der Details zu vergleichen, sei es bei Regen- oder Winddichtigkeit, U-Wert, Schallschutz, Brandschutz und vielem mehr. Auch hier

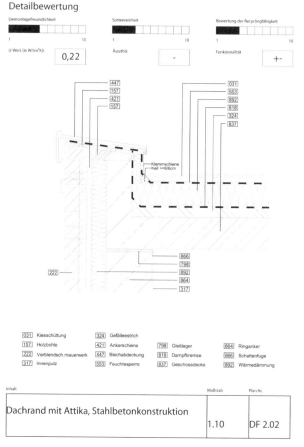

Abb. 6 – Beispiel einer Detailoptimierung – *Zeichnung: Hillebrandt mit Rosen und Musholt-Reckermann, frei nach Detailsammlung Peter Beinhauer*

müssen lösbare Detaillierungen und Bauprodukte entwickelt werden, die auf demselben Niveau Leistung erbringen wie ihre *verklebten* Vorgänger. Der Paradigmenwechsel muss Eingang finden in die Bücher und die Lehre an den Bautechnikerschulen, Hochschulen und Universitäten.

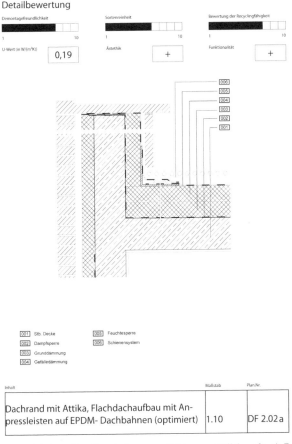

Abb. 7 – Beispiel einer Detailoptimierung – Zeichnung: Hillebrandt mit Rosen und Musholt-Reckermann, frei nach Detailsammlung Peter Beinhauer

6

GEBÄUDE-
TECHNIK

UND ENERGIE-
KONZEPTE

Rocket Science
and Sustainability

von Dr. Nadir Abdessemed

Abb. 1 – „Cloudscapes" – Installation von Transsolar und Tetsuo Kondo
Museum of Contempory Art Tokio, 2011 - *Foto: Tetsua Kondo*

It's not rocket science – es bedarf keiner Wissenschaft – wird im englischen Sprachgebrauch gerne verwandt, um die Einfachheit einer Herausforderung gegenüber der Schwierigkeit, eine Rakete auf den Mond zu schießen, hervorzuheben. Inwiefern ist die Herausforderung, ein Produkt, ein Gebäude oder gar eine ganze Stadt nachhaltig zu entwerfen, einfach, natürlich oder sogar selbstverständlich, inwiefern ist es eine Aufgabe, die komplexe Berechnungsmethoden erfordert und uns die Grenzen unserer technologischen Möglichkeiten verdeutlicht?

Aus der Annahme, dass Design ein existenzieller Bestandteil unserer Anpassung an unsere Umwelt ist und dass Nachhaltigkeit als etwas Kontextuelles und Dynamisches verstanden werden kann, folgt, dass es beides ist. Auf der einen Seite leben Jäger- und Sammlergesellschaften im natürlich gegebenen Einklang mit ihrer direkten Umwelt. Sie benötigen keinerlei analytisches Wissen, um nachhaltig zu wirtschaften und zu wohnen. Auf der anderen Seite geht unsere Energie- und Klimakrise einher mit Problemstellungen, die schwierige Fragen wissenschaftlicher Natur aufwerfen: Wie lässt sich der Einfluss von Sonneneinstrahlung auf unsere Erdoberfläche und Gebäude quantifizieren, wie können wir die Interaktion zwischen Wind und Baumasse formulieren, wie lassen sich Systeme optimieren, die unser Mikroklima kontrollieren?

Nachhaltigkeit wird, gerade im Kontext der Architektur, gerne und wahrscheinlich zu Recht mit ganzheitlichem oder holistischem Denken in Zusammenhang gebracht. Die Tatsache, dass Nachhaltigkeit ein „Alles" betrifft, birgt die Gefahr, dies als ein „Nichts" umzusetzen. Umso wichtiger ist eine klare Definition dieses universalen Konzeptes im praktischen Gestaltungsprozess, die unter Einbeziehung von sozioökonomischen, kulturellen, politischen und physikalisch-technologischen Fragestellungen von Projekt zu Projekt unterschiedlich ausfallen kann und muss. Fragt man also nach der Nachhaltigkeit, sollte man zunächst das „Was" erörtern, aber auch die Dimension der Zeit: „Wann" sind nachhaltigkeitsrelevante Aspekte im Gestaltungsprozess von besonderer Bedeutung?

Die Antwort ist auf den ersten Blick offensichtlich: Immer, in jedem Schritt der Planungsphase und eventuell sogar schon vorher, wenn die Notwendigkeit eines Bauvorhabens infrage gestellt wird. Die Problematik ist jedoch dieselbe. So wie „Alles" als „Nichts" realisiert werden kann, besteht eine Tendenz, „Immer" auch als „Nie" umzusetzen.

Nichtsdestotrotz könnte man sich in einem unter wirtschaftlichen Rahmenbedingungen stehenden Planungsprozess fragen, wann wir unsere Schwerpunkte setzen sollten, um effizient agieren zu können, wann zusätzliches Wissen generiert werden sollte, umfunktionierende Konzepte zu entwickeln und wie detailliert dieses Wissen sein muss. Generell gilt: Je früher nachhaltigkeitsrelevante Aspekte verstanden und optimiert werden, desto effizienter und kostengünstiger werden unsere Zielfunktionen erreicht. In anderen Worten: Eine frühzeitige Betrachtung von Nachhaltigkeit erlaubt es uns, passive, innovative und effektive Konzepte zu entwickeln, die einen geringen Mehraufwand mit sich bringen. Eine späte Einbeziehung von ganzheitlicher Zielsetzung führt typischerweise zu weniger nachhaltigen Konzepten, die durch die festgesetzten Gestaltungskonzepte größere Kosten verursachen, um ein gegebenes Ziel zu optimieren. Dies führt leider häufig zu dem Phänomen der Postrationalisierung, bei dem gefällte Gestaltungsentscheidungen im Nachhinein als bewusst geplant re-interpretiert und in ein günstiges Licht gerückt werden – vor dem Hintergrund eines schlechten Konzeptes ein einfaches Unterfangen.

Die im Folgenden beschriebenen quantitativen Methoden, etwa CFD (Computional Fluid Dynamics/numerische Strömungsmechanik), Tageslichtsimulationen oder TRNSYS (Transient Systems Simulation/instationäre Systemsimulation), basieren auf Computersimulationen, mit denen zum Beispiel Luftströmungen und Winde,

Strahlungen und Wärmeübergänge oder Kondensationsvorgänge vorhergesagt werden können, um die Dynamik und Interaktion von Mensch, Gebäude und Umwelt besser zu verstehen. Leider lassen sich diese Methoden nicht wie ein Rezept auf die Gesamtheit eines Entwurfes anwenden, sondern sind höchst problemspezifisch. Die Fragen, die sich beim Planen zum Beispiel einer Stadt ergeben, sind von einer Komplexität jenseits unserer Fähigkeiten, diese mit vorgefertigten und standardisierten Computerprogrammen zu lösen. Das Zusammenwirken von Sonneneinstrahlung, Winden, Gebäuden, Maschinen und Mensch muss in Teilproblemen angegangen werden. Daher ist der strategischen qualitativen Optimierung eine besondere Bedeutung zuzuweisen. In genau diesem Sinne entwickelt der Großmeister, der einen Schachcomputer besiegt, Strategien, die ihn besonders günstig positionieren, ohne dabei jeden der nächstmöglichen zehn Millionen Spielzugkombinationen vorherzusehen. Bei solch komplexen Problemstellungen gibt es keine Alternative zum menschlichen Denken, das durch einen qualitativ-quantitativen Erfahrungsschatz die Gestalt eines Plans im Ganzen optimiert. Auf der anderen Seite braucht man nur die Wurzel aus fünf zu ziehen, um die Überlegenheit eines Taschenrechners gegenüber dem menschlichen Gehirn zu veranschaulichen. Dahin gehend beleuchten Computersimulationen und parametrische Studien Teilaspekte des gesamtheitlichen Designs, um diese zu optimieren.

Manitoba Hydrotower

Ein gelungenes Beispiel für integrale Planung und das frühzeitige Zusammenwirken von architektonisch-strategischer Gestaltung und ingenieurwissenschaftlichen Analysen ist der Manitoba Hydrotower von KPMB in Winnipeg. – *Abb. 2a, 2b*

Das Gebäude wurde mit keinem geringeren Ziel konzipiert, als das energieeffizienteste Bürohochhaus in Nordamerika zu werden, mit einer Reduzierung des Energieverbrauchs von 60 Prozent unter

Abb. 2a – Manitoba Hydrotower, Winnipeg, Kanada – *Foto: Gerry Kopelow*

Abb. 2b – Manitoba Hydrotower, Winnipeg, Kanada – *Foto: Gerry Kopelow*

dem nationalen Durchschnitt und einer exzellenten Ausbeute an natürlichen und passiv nutzbaren Ressourcen: Licht, Sonne und Wind.
High Comfort – Low Impact ist der Grundgedanke, dem das Pla-
nungsteam folgt. Guter Komfort mit geringem Einfluss auf die Umwelt, dies bedeutet im Umkehrschluss jedoch nicht, dass der Einfluss der Umwelt auf das Gebäude minimiert werden müsste. Im
Gegenteil: Die Umweltbedingungen können als gegeben und positiv angenommen werden. Als Konsequenz dieses Ansatzes folgt die
Notwendigkeit, die klimatischen Potenziale der lokalen Umgebung
durch passive Interaktion optimal zu nutzen.
Eine Analyse der klimatischen Bedingungen in Winnipeg zeigt,
dass das Gebäude einer Umwelt mit jährlichen Temperatur-
unterschieden von 70 Grad Celsius ausgesetzt ist, mit 35 Grad
Celsius im Sommer und minus 35 Grad Celsius im Winter. Extreme winterliche Kälte geht oft mit einem klaren Himmel einher und in der Tat ist die Sonnenintensität in Winnipeg eine der
stärksten in Kanada – im Sommer eine Herausforderung, im

Abb. 3a (links) – Daylight Tower | *Abb. 3b (Mitte)* – Comfort Tower
Abb. 3c (rechts) – Solar Tower – *Grafiken: Transsolar*

Winter ein Vorteil, den sich die Architektur zu eigen machen muss. Passive Strategien beinhalten ebenfalls eine für die natürliche Belüftung günstige Ausrichtung des Gebäudes relativ zu den vorherrschenden Winden, die auf einer Nord–Süd-Achse mit Geschwindigkeiten zwischen drei und neun Metern pro Sekunde wehen. Diese klimatischen Rahmenbedingungen bilden die Grundlage für erste Konzepte, von denen drei in *Abb. 3a, b und c* zu sehen sind. Die diskreten Entwurfsoptionen sind qualitative Konzepte und verfolgen unterschiedliche Strategien, um den klimatischen Bedingungen und den energetischen Anforderungen gerecht zu werden. Mithilfe quantitativer Analysen (zum Beispiel Thermodynamische Gebäudesimulationen, Tageslichtsimulationen, CFD) zeigt der Solarturm ein gutes Potenzial, die Ziele mit geringem Aufwand zu erreichen.

Der Turm ist an allen Fassaden dreifach verglast, mit je einem Atrium im Norden und Süden, die als Doppelfassade wirken und eine thermische Pufferwirkung aufweisen. Die Atrien heizen im Winter

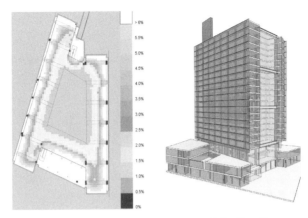

Abb. 4 – Tageslichtstudie. Die Gebiete zeigen die räumliche Verteilung von diffusem Licht an einem bewölkten Tag. Durch die Lage der Räume an der Fassade kann eine sehr hohe Tageslichtautonomie erreicht werden. – *Grafik: Transsolar*

die Frischluft vor und isolieren die Gebäudehülle gegen die extreme Kälte. Parkhäuser in Kanada werden grundsätzlich beheizt, um Vereisung zu verhindern. Da hierbei das Aufwärmen von kalter Außenluft höchst ineffizient wäre, wird die schon verbrauchte Luft aus dem Nordatrium durch einen Solarkamin in das Parkhaus geleitet. Die hierbei anfallende Wärme wird zuvor zurückgewonnen und dem Gebäude zur Verfügung gestellt.

Die Anpassung des Systems im Sommer basiert auf natürlicher Durchlüftung und wird durch eine gekühlte Wasserwand unterstützt, die die Feuchtigkeit im Atrium reduziert, gleichzeitig einen adiabatischen Kühleffekt mit sich bringt und die Aufenthaltsqualität des Bereichs erhöht. Der Solarkamin erzwingt die natürliche Lüftung durch Auftrieb, wodurch keinerlei Ventilatoren benötigt werden. Lediglich die Nachtemperierung und Verteilung der Luft in den Büros erfolgt mechanisch über semidezentrale Lüftungsgeräte auf den Stockwerken, wie in *Abb. 5* schematisch dargestellt wird.

Um visuellen Komfort zu optimieren und Energie zur künstlichen

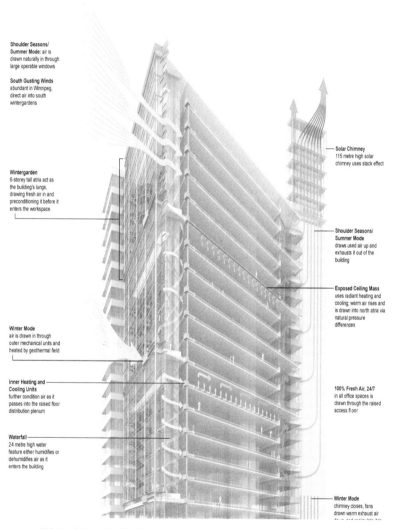

Shoulder Seasons/
Summer Mode: air is
drawn naturally in through
large operable windows

South Gusting Winds
abundant in Winnipeg,
direct air into south
wintergardens

Solar Chimney
115 metre high solar
chimney uses stack effect

Wintergarden
6-storey tall atria act as
the building's lungs,
drawing fresh air in and
preconditioning it before it
enters the workspace.

Shoulder Seasons/
Summer Mode
draws used air up and
exhausts it out of the
building

Exposed Ceiling Mass
uses radiant heating and
cooling; warm air rises and
is drawn into north atria via
natural pressure
differences

Winter Mode
air is drawn in through
outer mechanical units and
heated by geothermal field

Inner Heating and
Cooling Units
further condition air as it
passes into the raised floor
distribution plenum

100% Fresh Air, 24/7
in all office spaces is
drawn through the raised
access fl oor

Waterfall
24 metre high water
feature either humidifies or
dehumidifies air as it
enters the building

Winter Mode
chimney closes, fans
drawn warm exhaust air

Abb. 5 – Manitoba Hydrotower, Gesamtkonzept für Klima und Energie
Grafik: Transsolar

Beleuchtung zu minimieren, wurden für die verschiedenen Grund-konzepte Tageslichtsimulationen durchgeführt. *Abb. 4* illustriert die räumliche Verteilung des Tageslichtfaktors für den Solarturm. Ein Tageslichtfaktor von ein bis zwei Prozent wird typischerweise als ausreichend erachtet. Was darüber hinausgeht, bietet die Möglich-keit, auf weiteres Kunstlicht zu verzichten und die Tageslichtauto-nomie bietet ein hohes Potenzial, Energie einzusparen. – *Abb. 6*

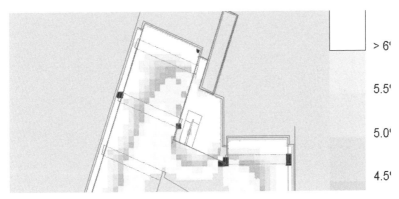

Abb. 6 – Tageslichtautonomie: Entfernung von der Fassade und Anteil der jährlichen Nutzungsdauer, an dem auf künstliches Licht verzichtet werden kann. Selbst die sechs Meter von der Fassade entfernten zweiten Arbeitsplatzreihen kommen zum großen Teil ohne zusätzliche Beleuchtung aus.
Grafik: Transsolar

Rechnergestützte Simulationen bestätigen, dass die parallel zum vorherrschenden Wind ausgerichtete Fassade die natürliche Durch-lüftung begünstigt. Im Folgenden wird ein klassisches Komfortpro-blem beschrieben, bei dem die aerodynamische Situation anhand einer CFD-Simulation analysiert wird. Luftabfälle vor oder hinter hohen Gebäuden können auftreten, wenn der Wind nicht seitlich ausweichen kann. Maßnahmen zum Schutz der Fußgänger, wie das Windschild in *Abb. 6*, können die Situation entschärfen und den Komfort erhöhen.

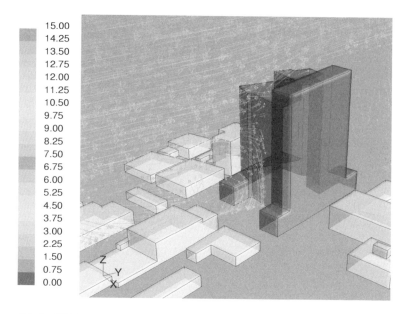

Abb. 7 – CFD-Simulation zur Bestimmung des Außenkomforts. Die Skala gibt die Geschwindigkeit in Metern pro Sekunde an, das Vektorfeld die Richtung der jeweiligen Luftpartikel. – *Grafik: Transsolar*

Die Beispiele illustrieren das Wechselspiel zwischen strategischem und analytischem Vorgehen, das die Reduzierung von komplexen Problemen erlaubt, die dann unter Zuhilfenahme von rechnergestützten Methoden beleuchtet werden können. Dies führt zum Ziel, die Physik, Thermodynamik und Interaktion zwischen Mensch, Gebäude und Umwelt zu verstehen und dieses neu generierte Wissen als Grundlage für die Gestaltung zu nutzen. Um noch einmal das Beispiel unseres Großmeisters aufzugreifen, könnte man eine Kombination aus Strategie und Computerberechnung vorschlagen: Der Schachspieler, der während des Spiels seinen Computer programmiert und verschiedene Strategien erprobt und quantifiziert, kann durch diesen integrierten Prozess das Spiel optimal gestalten und neue Lösungswege beschreiten.

Abb. 8 – „Cloudscapes" – Installation von Transsolar und Tetsuo Kondo Architects
Architekturbiennale Venedig 2010 – *Foto: Tetsuo Kondo*

Die vielschichtigen Aspekte nachhaltiger Architektur

von Martin Haas
für Behnisch Architekten

Abb. 1 – Unilever Headquarter in Hamburg, Behnisch Architekten
Foto: Adam Mørk

Die Erkenntnis, dass Architektur eine wesentliche Rolle beim Schutz unserer natürlichen Ressourcen spielt, hat zu einer bedeutenden Entwicklung geführt: Es gilt, Mensch, Raum und Umwelt besser in Einklang zu bringen. Als Architekten und Fachplaner sehen wir uns mit einer neuen Einstellung in Bezug auf das Bauen konfrontiert: viele Bauherren erwarten von uns, dass wir umweltfreundlich entwerfen, planen und bauen. Der Schwerpunkt liegt dabei auf einem wirtschaftlichen und verantwortungsvollen Umgang mit natürlichen Rohstoffen.

Eine tragfähige Baukultur, auch für alltägliche Bauaufgaben, entstand aus dieser Entwicklung allerdings noch nicht, und der Nachhaltigkeitsbegriff läuft oft Gefahr, zum bloßen Etikett zu verkommen; einem Etikett, das zudem noch stark vereinfacht und zu eng ausgelegt wird. In der Konzentration auf die rein quantitativen Aspekte, zum Beispiel den Energieverbrauch pro Quadratmeter/Jahr, übersehen wir leicht die echte Chance zur Erneuerung unserer Baukultur, denn Nachhaltigkeit ist längst auch ein gesellschaftliches Thema und sollte alle Aspekte des Bauens berücksichtigen.

Wie muss ein Haus der Zukunft aussehen? Wie können wir die Lebensqualität in unseren Gebäuden, in unseren Städten verbessern, ohne dabei die Möglichkeiten zukünftiger Generationen einzuschränken? Es kann nicht reichen, konventionelle Gebäude quasi einzupacken und mit Solarzellen energetisch „aufzupeppen".

Wenn wir erreichen wollen, dass ein Gebäude dauerhaft und intensiv genutzt wird, um seine Existenz zu rechtfertigen, muss es neben der reinen Funktionserfüllung einen kulturellen Beitrag liefern. In unserer Gesellschaft wird so oft über Quantitäten diskutiert: einfache mathematische Wahrheiten, eine Flächenaufgabe und die Flächenumsetzung – doch die Aufgabe des Architekten greift weit darüber hinaus.

Und zumeist sind es die sogenannten weichen Faktoren, die Erlebnisvielfalt und die Reichhaltigkeit einer baulichen Situation, die

Abb. 2 – Entwurfsverfahren für nachhaltige Architektur: Das große Ganze denken
Foto: Behnisch Architekten

über den Erfolg eines Gebäudes oder die Nutzung eines stadträumlichen Ensembles entscheiden. Architektur sollte das tägliche Leben bereichern und im eigentlichen Wortsinn auch *benutzt* werden. Der Mensch will Einfluss auf seine Umgebung nehmen und sein Umfeld mitgestalten. Gibt es Fenster, die geöffnet werden können? Gibt es Nischen, gibt es Orte, in die er sich zurückziehen kann? Gibt es Kommunikationsräume, Orte, wo man sich trifft und austauscht? Gibt es Außenflächen, die benutzt werden können? Hat der Nutzer einen schönen Blick aus dem Inneren? Sind die Materialien ansprechend? All dies sind Qualitäten, die die Ausnutzung steigern und damit die Effizienz eines Gebäudes verbessern. Denn nicht zuletzt ist die eigentlich entscheidende Frage vor jeder Bauaufgabe, ob es sich überhaupt lohnt, das Gebäude zu bauen, denn der unzweifelhaft größte Energieverbrauch fällt beim Erstellen eines Gebäudes an.

Nachhaltigkeit bietet auch die Möglichkeit, einen direkteren Zugang zu dem jeweiligen Gebäude für den einzelnen Nutzer aufzubauen. Das heißt, versteckte technische Lösungen, die im 20. Jahrhundert

Abb. 3 – Sustainability: tune your own enviroment
Foto: Behnisch Architekten

oftmals als Erfolg und als neue Innovationen propagiert wurden, haben auch dazu geführt, dass die Nutzer keine Identifikation mehr mit ihrem Gebäude haben und dementsprechend sorglos mit diesem Gebäude umgehen. Darüber hinaus sind Aspekte der Flexibilität von entscheidender Rolle. Niemand weiß heute, wie sich unsere Gesellschaft entwickelt. Wenn wir heute ein Gebäude errichten, muss es flexibel genug sein, sich den verändernden Anforderungen der Gesellschaftsentwicklung anzupassen. Flexibilität, qualitätsvolle Aufenthaltsräume, ansprechende Raumsituationen, Tageslichtbezüge, der Einfluss der Einzelnen auf die Umgebungstemperatur und auf die Arbeits- oder Wohnsituation sind entscheidende Faktoren im Zusammenhang der Nachhaltigkeit.

Wie wichtig gerade die Anpassungsfähigkeit von Architektur für die Dauerhaftigkeit ihrer Nutzung sein kann, erleben wir bei den umfangreichen Aufgaben von Renovierung und Umnutzung alter Bausubstanz. Ein Beispiel hierfür ist das „Haus im Haus" in der Handelskammer Hamburg. In einer historischen Halle, dem klassizistischen Börsensaal der Handelskammer, sollten für ein Besucherzentrum 1000 Quadratmeter Nutzfläche geschaffen werden, was etwa der 2,5-fachen Fläche der Halle entspricht. Wir haben gemeinsam mit dem Bauherrn entschieden, diese historische, schöne Halle mit einer kompromisslos zeitgenössischen Struktur zu ergänzen, diese aber so immateriell zu gestalten, dass die Halle weiterhin räumlich erlebbar bleibt. Die neue Struktur ist aus Stahl, aus poliertem, reflektierendem Chromstahl, die Böden sind aus Glas, die Decken aus LED-Paneelen. Das Alte und das Neue respektieren sich, ergänzen sich und erlauben, dass das Alte in seiner ganzen Pracht durch die Transparenz der Struktur unverletzt und fast uneingeschränkt wahrgenommen werden kann, dabei aber durch das Neue sehr gut ergänzt wird. Neben dieser architektonischen Gestalt war das Thema Kunstlicht von vornherein ein wichtiges Thema, da wir aufgrund dieser inneren Situation Tageslicht nur eingeschränkt zur Verfügung hatten. Wir hatten hier die Möglichkeit, mit einem Partner, Nimbus Design, eine neue Leuchte zu entwickeln, basierend auf SMD-LED-Technologie, welche in ihrer Energieeffizienz um 70 Prozent effizienter als handelsübliche Leuchten ist. – *Abb. 5*

Direkt an der Elbe, an prominenter Stelle in Hamburgs Hafencity, liegt das neue Unileverhaus. – *Abb. 1, 4, 6*
Es markiert das Ende des Weges aus der Innenstadt zu Hamburgs neuen Attraktionen, dem Kreuzfahrtterminal und der Promenade am Strandkai. Schon heute flanieren an schönen Tagen Menschen entlang der Magellan- und Marco-Polo-Terrassen zum Wasser. Das neue Haus für Unilever öffnet sich an diesem besonderen Ort der Stadt und ihren Bürgern. Zentrales Element und Herz des Entwurfs ist das großzügige, tageslichtdurchflutete Atrium, das den Passanten im Erdgeschoss die Möglichkeit bietet, in einem Shop mit Unileverprodukten, einem Café und einem Spabereich das Unternehmen besser kennenzulernen. Damit entsteht ein Gebäude, das nicht nur dem Unternehmen

Abb. 4 – Unilever Headquarter in Hamburg. Fassade aus ETFE-Folie – *Foto: Adam Mørk*

Unilever Headquarter in Hamburg. Behnisch Architekten – *Foto: Adam Mørk*

Unilever Headquarter in Hamburg. Behnisch Architekten – *Foto: Adam Mørk*

Abb. 5 – „Haus im Haus" in der Handelskammer Hamburg
Foto: Hans Jürgen Landes

dient, sondern auch den Stadtraum bereichert. Das Unileverhaus folgt den Grundsätzen einer ganzheitlichen, nachhaltigen Architektur. Nicht nur der Einsatz neuer, ressourcenschonender Technik, sondern auch das grundsätzliche Vermeiden von technischen Lösungen stand im Mittelpunkt aller Überlegungen.

So wurde schon im Entwurfsstadium bei der Anordnung der einzelnen Ebenen auf eine optimale Tageslichtausbeute in allen Bereichen geachtet. Die hohe Flexibilität des Gebäudes vereinfacht Nutzungsanpassungen an zukünftige Anforderungen, der Gebäudezuschnitt und die Anordnung der einzelnen Bereiche folgen den Vorgaben optimaler mikroklimatischer Bedingungen.

Die steigende Individualisierung und die Betrachtung des Arbeitsplatzes als Lebensraum spielten bei der Entwicklung des Gebäudes ebenso eine entscheidende Rolle. Die Menschen in einem Unternehmen wie Unilever verbringen einen großen Teil ihrer verfügbaren Zeit am Arbeitsplatz – oft mehr als sie diese Zeit nichtschlafend zu

Abb. 6 – Foyer Unilever Headquarter Hamburg – *Foto: Adam Mørk*

Hause verbringen. Der Arbeitsplatz der Zukunft sollte damit auch ein zweites Zuhause sein. Ein Ort, an dem sich das Individuum auch verwirklichen und nicht nur möglichst produktiv arbeiten kann. Der Arbeitsplatz ist dabei überall, nicht nur am eigenen Schreibtisch. Vom Erdgeschoss bis zur Dachterrasse gehört das Gebäude den Mitarbeitern. Ob Restaurant, Meeting Points, Konferenzräume oder Bürolandschaften unterschiedlicher Ausprägungen – es existiert eine Vielfalt an Räumen, die eine lebendige und flexible Arbeitsatmosphäre schaffen können. Transparenz, Offenheit, Sichtbarkeit in der richtigen Balance mit Rückzugsmöglichkeit und Vertraulichkeit sind für einen modernen, offenen, kommunikativen Arbeitsplatz entscheidend.

Dabei stand die Akzeptanz des Gebäudes durch die Nutzer im Zentrum aller Überlegungen. Alle für die Nutzung wesentlichen Bereiche, insbesondere das Atrium, wurden mit dem Ziel einer größtmöglichen Behaglichkeit raumakustisch untersucht und op-

Foyer Unilever Headquarter Hamburg – *Foto: Adam Mørk*

„Haus im Haus" in der Handelskammer Hamburg – *Foto: Hans Jürgen Landes*

timiert. Jeder Mitarbeiter hat die Möglichkeit, über manuell regelbare Heizkörper, über individuell einstellbaren Sonnenschutz und Blendschutz und – auch zum Atrium hin – öffenbare Fenster, Einfluss auf sein direktes Arbeitsumfeld zu nehmen. Die Möblierung bietet in einem Baukastensystem unterschiedlichste Elemente wie Stehtische, Sitzbänke, Ablagemöglichkeiten, Raumzellen etc., aus denen die einzelnen Abteilungen sich ihr Wunschbüro individuell zusammenstellen können.

Aufgrund der exponierten Lage, direkt am Kreuzfahrtterminal, ist das Gebäude den Emissionen der Dieselgeneratoren dort vor Anker liegender Schiffe ausgesetzt. Für die Lüftung ist daher ein Hybridsystem vorgesehen: die Grundbelüftung erfolgt mechanisch über einen Druckluftboden, wobei die Zuluft über ein Filtersystem in die Bürobereiche und von dort in das Atrium geleitet wird. Das Atrium ist im Dachbereich mit Wärmetauschern ausgestattet, sodass Wärme rückgewonnen werden kann und hier keine Energie verloren geht.

Die Kühlung der Bürobereiche erfolgt über bauteilaktivierte, mit Wasser durchspülte Stahlbetondecken. Um die Speicherfähigkeit dieser Decken nicht durch isolierende Verkleidungen einzuschränken, dient eine eigens für das Bauvorhaben entwickelte Fußbodenkonstruktion, die Lüftung und akustische Eigenschaften vereint, als raumakustisch notwendige Absorberfläche.

Eine einlagige Folienfassade, die vor die Isolierverglasung gesetzt ist, schützt den tageslichtoptimierten Sonnenschutz vor starken Winden und anderen Wettereinflüssen. Im Gegensatz zu einer Doppelfassade aus Glas muss diese Konstruktion nicht aus Brandschutzgründen horizontal geschottet werden. Der luftdurchspülte Fassadenzwischenraum kann so zur Fensterlüftung des Gebäudes genutzt werden.

Die vorgesetzte Fassade besteht aus einzelnen Rahmen, die mit einer Folienkonstruktion aus ETFE-Folie (Ethylen-Tetrafluorethylen) bespannt sind. – *Abb. 4*

Die ETFE-Folie ist ein teilkristallines, durchsichtiges und thermoplastisches Fluorcopolymer mit einem Schmelzpunkt bei 270 Grad Celsius. Da die ETFE-Folie keine Weichmacher besitzt, entfällt die vielen Kunststoffen implementierte „Selbstauflösung". Klimakammerexperimente und Langzeitversuche von Hoechst in Arizona/ USA zeigen keine nennenswerte Alterung (etwa geringere Bruchkraft), sodass eine für Kunststoffe ungewöhnlich lange Haltbarkeit von 25 bis 50 Jahren möglich scheint. Ebenso wurden nur geringe Veränderungen der spektralen Durchlässigkeit festgestellt. Die ETFE-Folien haben einen „Lotuseffekt", sodass die Durchsicht und Sauberkeit lebenslang ohne zusätzliche äußere Reinigung möglich scheint.

Anmerkung:
Martin Haas war von 2006 bis März 2012 Partner bei Behnisch Architekten.

Form Follows Performance

Architektonische Effizienzstrategien für Hülle, Körper, Klima

von Prof. Jürgen Reichardt

Abb. 1 – Atelierhaus, Essen, 1996 – Foto: Jürgen Reichardt – Foto: Archiv RMA

Eine kleine Anekdote zur Einleitung. Im Jahr 2000 waren Günther Pfeifer, Carlo Weber und ich vom Goetheinstitut nach Ankara eingeladen. Wir durften als deutsche Architekten unsere Erfahrungen zum Thema „Hülle, Körper und Klima" vorstellen, stolze türkische Kollegen zeigten ihre Projekte, darunter auch ein Glashaus für Büros in einem Ort der sehr heißen und sonnigen türkischen Riviera. Die vielleicht zu mutige Frage nach klimatischer und energetischer Effizienz versetzte das Plenum in helle Aufregung. Carlo Weber sagte dann: „Komm jetzt, frag da nicht weiter, das gibt Unruhe." Eine Diskussion gab es folglich an der Stelle nicht, aber die Thematik sollte uns heute auch aus globaler Verantwortung mehr denn je beschäftigen. Im Folgenden sollen hierzu einige erhellende Positionen vorgestellt, an eigenen Fallbeispielen insbesondere Aspekte der Energieeffizienz vertieft und als Fazit Bausteine einer möglichen „Form-Follows-Performance"-Entwurfsstrategie aufgezeigt werden.

Als erste Position zur Entwicklung einer effizienten Hülle möchte ich den Anfang der 30er Jahre des letzten Jahrhunderts von Buckminster Fuller[1] konzipierten und gebauten Dymaxion Car anführen. Zu dieser Zeit sahen *normale* Autos aus wie Droschken mit einem kleinen Motorvorbau, das Thema Luftwiderstand war noch keine Zielgröße beim Entwurf von Automobilen. Demgegenüber bot Fullers dreirädriges, tropfenförmiges Automobil Platz für acht Passagiere, der CW-Wert lag bei 0,27, die Höchstgeschwindigkeit lag bei 180 Kilometern pro Stunde – *Abb. 2a*

Aus seiner nicht akademischen Vorbildung als Marineoffizier schöpfte Fuller das Verständnis und die Intuition für Bewegung, Wind und Kraft. Die Fortführung seines *performativen* Entwurfsansatzes kulminiert 1946 im nach Methoden der Blechverformung der Flugzeugindustrie entwickelten Dymaxion House, einem kuppelförmigen „Fertighaus" mit natürlicher Zwangslüftung. Durch das vom Boden abgehobene Haus wird von unten relativ kalte Luft

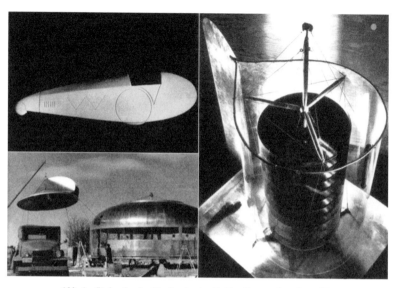

Abb. 2a (links oben) - Buckminster Fuller, Dymaxion Car, 1934
Abb. 2b (rechts) - Buckminster Fuller, Dymaxion House, 1946
Abb. 2c (links unten) - Buckminster Fuller, Dymaxion Shelter, 1932
Fotos: Lichtenstein Krause

eingeführt, diese Luft durchströmt das Haus als Quellluft und tritt oben an einer kleinen *Flosse* wieder aus. Eine sehr intelligente Art, ein Haus ohne unterstützende Haustechnik zu lüften. – *Abb. 2b* Bereits 1932 hatte Fuller unter Nutzung ähnlicher aerodynamischer Prinzipien von Winddruck und Windsog mit dem Dymaxion-Shelter-Projekt ein Mehrfamilienhaus mit umschließender, statisch eigenständiger Glasschale kreiert. Das zylindrisch geformte „Außenhaus" bewirkte nach Fullers empirischen Versuchen 80 Prozent weniger Wärmeverlust, das Projekt kann als eine Vorwegnahme moderner Klimafassadenkonzepte gelten. – *Abb. 2c*
Die Suche nach einem aus den funktionellen Anforderungen schlüssig entwickelten, effizienten Baukörper führt uns zur zweiten Position, zu dem amerikanischen Industriearchitekten Albert Kahn[2].

Abb. 3a, 3b (oben links und rechts) – Albert Kahn, Packard Forge Shop, 1911
Abb. 3c, 3d (unten links und rechts) – Albert Kahn, Ford Glass Plant, 1922
Fotos und Graphik: Grant Hildebrand

Ende des 19. Jahrhunderts emigrierte seine Familie aus dem kargen Hunsrück in den aufstrebenden mittleren Westen Amerikas Ohne die finanzielle Möglichkeit einer akademischen Ausbildung trat Kahn als „Office Boy" in Zeichenbüros ein und bildete sich mit Eigenstudium und Abendschule weiter. Über glückliche Fügungen wurde er mit Henry Ford bekannt, der ihn und seine Brüder ab 1903 mit dem Bau von großen Fabriken für den aufstrebenden Automobilbau beauftragte. Kahn baute fortan in seiner Lebenszeit 2000 Fabriken, unter anderem während der amerikanischen Depression als offizielle amerikanische Entwicklungshilfe 800 Fabriken in Russland.

Der Packard Forge Shop von 1911 ist eine Kathedrale in Stahl mit einer freien Spannweite von 40 Metern und einer über 20 Meter abgehängten Kranbahn von 15 Tonnen Tragkraft. Die basilikale Grund-

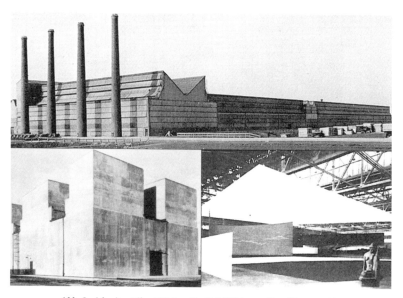

Abb. 3e (oben) – Albert Kahn, Pratt & Whitney Test House, 1937
Abb. 3f, 3g (unten links und rechts) – Albert Kahn, Glenn Martin Plant, 1939,
Mies van der Rohe, Projekt Konzerthalle, 1942 – *Fotos und Graphik: Grant Hildebrand*

rissform wurde gewählt, um viel natürliches Licht über die verti-
kalen Stehverglasungen an die Arbeitsplätze zu führen, die Höhe
des Gebäudes erlaubt die Abdrift der heißen Schweißschwaden.
Aus den Anforderungen von Spannweite, Statik, Behaglichkeit und
Licht entwickelte Kahn den Gebäudekörper performativ. – *Abb. 3a*
Ein weiteres Beispiel für diese Entwurfsstrategie ist das Gebäude
der Ford Glass Plant von 1922. Ford baute zu dieser Zeit in Mas-
senfertigung die „Tin Lizzie". Alle Komponenten wurden – im
Gegensatz zur Logistik heutiger Autofabriken – in Eigenregie gefertigt, unter anderem die Jahresproduktion von 1 Million Quadratmetern Glas für die Windschutzscheiben. Die an den Kristallpa-
last von 1851 erinnernde, 300 Meter lange, kubische Glasschmelze
war komplett mit Glas verhüllt, unter der Doppelshed-Erhöhung

des Baukörpers standen die großen Schmelzöfen, in der Folge wurden die Glasscheiben ausgewalzt und poliert. – *Abb. 3d*
Mit dem Prüfstand für Pratt-&-Whitney-Propellermotoren thematisiert Albert Kahn im Vorfeld des Zweiten Weltkrieges einen Baukörper aus den Anforderungen der Schallabschottung und dem natürlichen Abzug der Benzindämpfe und nimmt damit formal die Ästhetik späterer Kirchenbauten von Louis Kahn vorweg. – *Abb. 3c*
Eines der bekanntesten Gebäude von Albert Kahn ist das 1939 erbaute Glenn-Martin-Montagewerk für Flugzeuge, ein geschosshoher Trägerrost aus Stahlfachwerk erlaubt eine stützenfreie Fläche von ca. 150 auf 130 Meter. Mies van der Rohe *borgte* sich ein Foto des grandiosen Innenraumes als Hintergrund für die Collage seines Wettbewerbsvorschlages einer Konzerthalle, der Inbegriff der von ihm zeitlebens propagierten „universalen Halle". – *Abb. 3f, 3g*
In seinen aus den industriellen Anforderungen ganzheitlich entwickelten Projekten erfand Albert Kahn im besten Sinne von Sullivans Credo „Form Follows Function" architektonische Leistungsformen.
Mit der dritten Position soll ein eindringliches Beispiel für eine hervorragende Strategie zu Klima und Nachhaltigkeit vorgestellt werden, das Projekt ist in unserem westlichen Kulturkreis weitestgehend unbekannt. Das Golconde House[3] steht in Pondicherry, 180 Kilometer südlich von Chennai, an der feuchtheißen Ostküste von Indien, mit Tag- und Nachttemperaturen von 30 bis 40 Grad Celsius und entstand von 1935 bis 1948. Normalerweise müsste dort nach unserem Verständnis der Behaglichkeit ein Gebäude voll klimatisiert werden, doch hier gelang der komplette Verzicht auf haustechnische Unterstützung, noch heute ist dies nach eigenen Erfahrungen wahrscheinlich einer der kühlsten Orte in Pondicherry. Sri Aurobindo war ein indischer Philosoph, auf ihn und seine französische Gefährtin geht unter anderem die Gründung von Auroville in der Nähe von Pondicherry zurück. Der Aschram lud in den 1930er Jahren Weggefährten von Frank Lloyd Wright aus

Abb. 4a - 4d – Antonin Raymond, Golconde House, Pondicherry, 1935–1948
Graphik und Fotos: Gupta, Pankaj Vir/ Mueller, Christine/ Samii, Cyrus, Golconde

seiner Zeit in Tokio, Antonin Raymond und George Nakashima,
nach Pondicherry ein, dort planten diese in den 1930er Jahren ein
Gästehaus für den Aschram. Die Fassadengestaltung besteht bis auf
die geschlossenen Stirnseiten komplett aus verstellbaren Lamellen,
welche die durchgehende Verschattung aller Geschossflächen sowie
die natürliche Querlüftung des schlanken Baukörpers erlauben. Die
klimatisch geschickte Verortung des Baukörpers orientiert im Einklang mit dem lokalen Sonnenlauf die geschlossenen Stirnseiten
nach den sonnenintensiven Ausrichtungen Osten und Westen, küh-
lende Meeresbrisen können in die – in Südindien relativ sonnenär-
meren – Nord- und Südfassaden eindringen. Interessant ist auch der
Aspekt der Nachhaltigkeit. Das Haus wurde komplett vom Building
Workshop des Aschrams in Eigenregie gebaut, die Schalungen, der
Beton für Tragwerk und Lamellen wie auch die Messingbeschläge

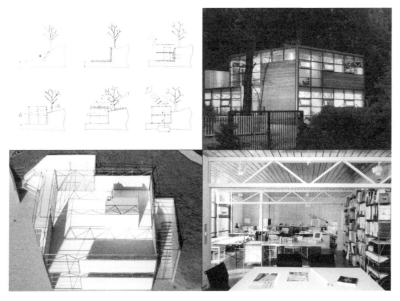

Abb. 5a – 5d – Jürgen Reichardt, Atelierhaus, Essen, 1996
Graphik und Fotos: Archiv RMA

der Lamellen wurden am Ort gefertigt, ohne Logistik- und Abfall-
tourismus, immer wenn sich ein Sack japanischer Zement in den
Hafen von Chennai verirrte. Nebenbei entstand aus der (auch philo-
sophisch bedingten Ehrlichkeit) der erste Sichtbeton in Indien. Das
Gebäude steht nach Einschätzung des großen indischen Architekten
Charles Correa für den Beginn der modernen Architektur in Indien.
Abb. 4a, 4b, 4c, 4d Im zweiten Teil sollen an einigen wenigen Fall-
beispielen anhand Projekten des Büros RMA[4] weitere Aspekte ei-
ner „Form-Follows-Performance"-Entwurfsstrategie für Baukörper,
Hülle und Klima vertieft werden.
Fallbeispiel 1 ist ein Wohnhaus mit Atelier in Essen. Die Pictos ver-
deutlichen das topografische Profil des Standorts mit Erdreich im
Norden gegenüber unverbautem Sonneneintrag im Süden. Das
Volumen des Hauses ist mit einem günstigen A/V-Verhältnis einem

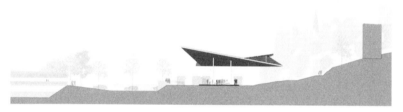

Abb. 6a und 6b – RMA, Busbahnhof, Schwäbisch Hall, 2009
Graphiken: Archiv RMA

Würfel angenähert, die thermische Masse des Hangs mit einem Jahresdurchschnitt von 9 Grad Celsius wärmt im Winter und kühlt im Sommer, Speichermassen der Betondecken und eines gemauerten Kernes unterstützen das Klimakonzept. Wasserrückhaltung für Grauwasser, Solarthermie und ein extensives Gründach kennzeichnen weitere nachhaltige Aspekte. Der konstruktive Bausatz ist eine hybride Kombination der Materialeigenschaften aus Sichtbeton, Stahlbau, Mauerwerk, Holzwänden und Glas. – *Abb. 5a - 5d Fallbeispiel 2* ist ein Wettbewerbsprojekt für einen Busbahnhof im süddeutschen Schwäbisch Hall. Das statisch effiziente stählerne Faltwerk bietet den Untergrund für eine zur Sonne orientierte, gefaltete, 1500 Quadratmeter abmessende, mit PV belegte Dachfläche als ästhetisch ansprechende, maßstäbliche „fünfte" Fassade in einer kleinteiligen Stadt. 1120 Sonnenstunden im Jahr sind selbst

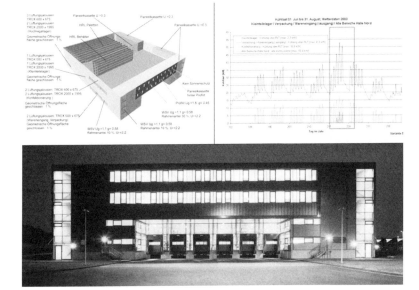

Abb. 7a und 7b – RMA, Werk Qiagen, Hilden, 2007
Graphik und Foto: Archiv RMA

in Deutschland eine gute Voraussetzung für solare Architektur, die Photovoltaik der Dachfläche versorgt die Beleuchtung wie auch in nächtlicher Aufladung den Elektrobedarf künftiger Generationen von emissionsfreien Nahverkehrsbussen. – *Abb. 6a, 6b*

Fallbeispiel 3 zeigt einen multifunktionellen Industriebau für Qiagen in Hilden. Die Anforderung war ein Gebäude, insbesondere für die Lagerung hochsensibler alkoholischer Lösungen, die nur bei einer Innentemperatur von 18 bis 24 Grad Celsius verträglich sind. Das wäre für Architekten erstmal kein Problem, jedoch sollte nach Wunsch der auf Reduktion von Investitions- wie Betriebskosten bedachten AG auf jegliche Klimatisierungstechnik verzichtet werden. Der Lösungsweg führte über Versuchsreihen dynamischer Klimasimulationen zu einem im Grundsatz minimale Umweltenergien aufnehmenden, blockartigen Baukörper mit Büros in folgerichtiger Nordlage

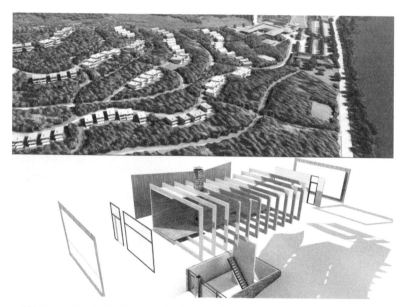

Abb. 8a und 8b – RMA, Ferienpark, Amecke, 2005 – *Foto und Graphik: RMA Archiv*

und Bauteiltemperierung der weitgespannten Geschossdecken. – *Abb. 7a, 7b*

Fallbeispiel 4 stellt ein Projekt für einen Ferienpark an einer Talsperre im Sauerland vor. Landschaftliche Ziele sind unter anderem, die Ferienhäuser behutsam in die Topografie und Flora des Südwesthangs einzubetten und dabei jedem Haus monitorartig den Ausblick auf den See freizuhalten. Weitere ökologische Ziele beziehen sich auf den „Ersatz" geschlagenen Holzes durch die Bausätze der aus hochgedämmten hölzernen Wand- und Deckenelementen konstruierten Passivhäuser, mit einem kleinen Kamin zur Spitzenheizung bei klirrenden Frosttagen. – *Abb. 8a, 8b*

Fallbeispiel 5 zeigt die Werksentwicklung einer mittelständischen Bäckerei in Essen. 1998 wurde eine erste Backhalle, 2012 eine weitere Halle errichtet. Thermische und energetische dynamische Simulationen führten jeweils zur Entwurfsoptimierung von Prozessen,

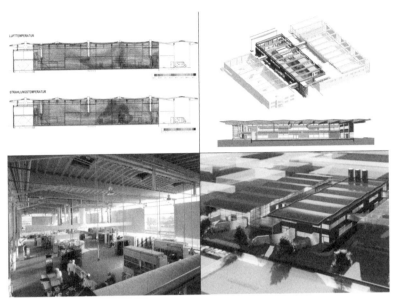

Abb. 9a – 9d – RMA, Backstube, Essen, 1998–2012 – *Graphik und Foto: RMA Archiv*

hölzerner Gebäudestruktur und minimierter Haustechnik unter
Einsatz regenerativer Energien wie Photovoltaik, welche auch zum
Betrieb von emissionsfreien Lieferfahrzeugen (Solare Logistik) ge-
nutzt wird. Weitere Kennzeichen des Projektes sind die Zertifizie-
rung nach DGNB (Gold) sowie eine Auszeichnung beim BMWi-
Preis für Energieeffizientes Bauen 2011. – *Abb. 9a, 9b, 9c, 9d*
Fallbeispiel 6 ist ein Montagewerk für Tür- und Glasbeschläge in
Chennai, Südindien. Die Einlassung auf das lokale Klima , ähnlich
wie unter Golconde beschrieben – gebietet die Kühlung der Mon-
tagehallen mit in der Bodentopografie geführten Erdkanälen. Im
Prinzip ist dies die *Umkehr* der Technik der Vortemperierung von
Zuluft im Passivhausbau durch die relative Wärme des Erdreiches,
in Indien ist das Erdreich mit ca. 16 Grad Celsius im Vergleich zu
35 Grad Celsius Außentemperatur relativ kühl. Unterstützt wird
die natürliche Quelllüftung durch PV auf den Dächern der Halle,

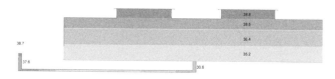

Abb. 10a und 10b – RMA, Werk Dorma, Chennai, 2011 – *Foto: RMA Archiv*

elektrische Energie wird dann erzeugt, wenn man sie ohne Speicherverluste effizient nutzt, in der solaren Zenitstellung zu Mittag. Solarbetriebene Ventilatoren unterstützen dann als „Solarkamine" die Abfuhr der aufsteigenden warmen Hallenluft durch die Oberlichter. – *Abb. 10a - 10b*

In einer rückblickenden Zusammenfassung der aufgezeigten Positionen und Fallbeispiele kann man die jeweiligen projektspezifischen „Form-Follows-Performance"-Entwurfsstrategien zu einer Methodik der Optimierung von „Effizienzbausteinen" verallgemeinern. Diese *Bausteine* kennzeichnen entwurfliche und konstruktive Teilprojekte, innerhalb derer positive Lösungsansätze in Architektur und Engineering in Teamarbeit ganzheitlich zu formulieren sind. Bei einer ersten Aufzählung der Bausteine sind hier ohne Anspruch auf Vollständigkeit, aber durchaus im Sinne einer Checkliste zu nennen: Geografie, Topografie, Zonierung, Hülle, Material, Venti-

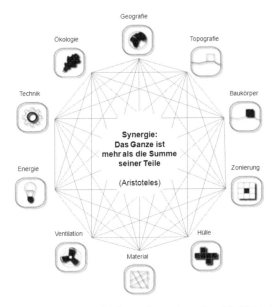

Abb. 11a - RMA, Schaubild Effizienzbausteine – *Graphik: RMA Archiv*

lation, Energie, Technik, Ökologie. Erst die Bündelung möglichst vieler positiver Ansätze führt nach unserer Überzeugung zu überzeugenden Projekten. Von welcher Seite und wie tief man anfänglich in ein Projekt *einsteigt*, ob zum Beispiel über die Geografie, die Topografie, den Baukörper, die Hülle usw. ist weniger wichtig. Am Ende geht es um den Dichtegrad, die Synergien sich ergänzender Wechselwirkungen, die Bündelung möglichst vieler positiver Beiträge und Leistungsmerkmale, die ein gutes Haus – im besten Sinn des Wortes – nachhaltig prägen. Bei einer solchen Lösung sollte in Anlehnung an Aristoteles das Gesamtergebnis mehr als die rein arithmetische Summe der Teillösungen sein. – *Abb. 11a*

Anmerkungen

[1] Krause, Lichtenstein: „Your Private Sky. Buckminster Fuller", Baden, 1999 – Abb. 2a - 2c

[2] Hildebrand: „Designing for Industry. The Architecture of Albert Kahn", Cambridge 1974 – Abb. 3a - 3g

[3] Gupta, Pankaj Vir/ Mueller, Christine/ Samii, Cyrus, Golconde: „ The Introduction of Modernism in India",Urban Crayon Press 2010 – Abb. 4a - 4d

[4] vgl. auch Reichardt, Jürgen: In Ästhetik Form Follows Performance: „Ästhetik, Effizienz, Industrie-, Gewerbe- und Verwaltungsbauten", Wiesbaden, 2005, S. 10ff.

– alle anderen Abbildungen: Archiv RMA –

7

ANHANG

AUTOREN-
VERZEICHNIS

Dr. Nadir Abdessemed hat Maschinenbau und Mechanik an der TU Darmstadt und UC Berkeley studiert und promovierte im Rahmen eines Forschungsprojekts der US Airforce am Imperial College London, wo er neue computergestützte Berechnungsmethoden der Aerodynamik entwickelte. 2009 kam er zu Transsolar nach Stuttgart, nachdem er kurze Zeit bei BDSP Partnership in London als Environmental Analyst tätig war. Im Laufe seiner Karriere war er verantwortlich für energetische Studien von zahlreichen Bauprojekten. Diese beinhalteten unter anderem Analysen von komplexen aerodynamischen und thermodynamischen Problemstellungen unter Verwendung von CFD (Computational Fluid Dynamics) und TRNSYS, einer von Transsolar entwickelten Software zur energetischen Gebäudebetrachtung.

Matthias Böttger ist Architekt, Kurator und Autor und arbeitet mit seinem Büro raumtaktik – office from a better future seit 2003 an räumlicher Aufklärung und Intervention. Verschiedene Lehrtätigkeiten, unter anderem an der Stiftung Bauhaus Dessau, Universität Stuttgart, Akademie der Bildenden Künste Nürnberg und an der ETH Zürich. 2006 kuratierte er die Wanderausstellung „Fanshop der Globalisierung". 2008 war er Generalkommissar für den deutschen Beitrag „Updating Germany" der Architekturbiennale in Venedig. 2010 leitete er das aut - Architektur und Tirol. Seit Juni 2011 ist er Kurator des Deutschen Architekturzentrums (DAZ) in Berlin.

Dr. Vanessa Miriam Carlow studierte 1995–2002 Architektur und Städtebau an der TU Berlin und TU Delft. Von 2003–2004 absolvierte sie einen Master in Urban Management und promovierte 2012 an der Königlich Dänischen Kunstakademie Kopenhagen zu Strategien nachhaltiger Stadtentwicklung. 2004 gründete sie zusammen mit Dan Stubbergaard, das international bekannte Architekturbüro COBE (www.cobe.dk), das für seine Projekte mehrfach ausgezeichnet wurde: 2006 erhielten COBE als Teil des Dänischen Pavillons den Goldenen Löwen der Architekturbiennale Venedig. 2011 wurden COBE für die Bibliothek Kopenhagen Nordvest mit der Medaille für das „schönste öffentliche Gebäude der Stadt Kopenhagen" und dem MIPIM-Award in Cannes ausgezeichnet. Derzeit berät Vanessa Miriam Carlow unter anderem die Stadt Berlin im Rahmen der Vorbereitungen zu einer neuen Internationalen Bauausstellung – IBA Berlin 2020. Ab Oktober 2012 wird Vanessa Miriam Carlow Professorin für Städtebau an der TU Braunschweig.

Hans Drexler studierte Architektur an der TU Darmstadt, ETH Zürich, Bartlett London und an der Städelschule in Frankfurt. Er war wissenschaftlicher Mitarbeiter an der TU Darmstadt bei Prof. Hegger. Der Schwerpunkt seiner Forschung und Lehre ist die Integration der Nachhaltigkeit in Entwurfs- und Planungsprozessen. Hans Drexler ist Partner im Büro Drexler Guinand Jauslin Architekten. Sein „Minimum Impact House" wurde mehrfach ausgezeichnet. Seit 2009 ist er Vertretungsprofessor an der msa | münster school of architecture.

Sebastian El khouli studierte Architektur in Braunschweig und Valencia. Seit 2006 setzt er sich verstärkt mit Themen der Nachhaltigkeit sowie systemischen Planungsstrategien in Architektur- und Stadtplanung auseinander. Nach seiner Tätigkeit als wissenschaftlicher Mitarbeiter in den Bereichen Forschung, Lehre und Architekturkommunikation an der TU Darmstadt ist er seit 2009 bei Bob Gysin & Partner in Zürich tätig. El Khouli ist seit 2008 Direktor des UIA Work Programmes „Architecture for a sustainable future" und der UIA Special Commission „Sustainable by Design".

Ludwig Engel studierte Kulturwissenschaften und Kommunikationswissenschaften in Berlin, Shanghai und Frankfurt/Oder, wo er gegenwärtig zum Thema „Urbane Utopien" promoviert. Er lebt in Berlin und arbeitet als Zukunfts- und Stadtforscher mit verschiedenen Partnern aus Kultur, Wissenschaft, Politik und Wirtschaft.

Prof. Jesko Fezer arbeitet als Architekt, Autor, Designer, Künstler und Ausstellungsgestalter. In Kooperation mit *ifau* (Institut für angewandte Urbanistik) realisierte er Architekturprojekte in München, Graz, Utrecht, Stuttgart, Berlin, New York und London. Neben der Tätigkeit als Mitbetreiber der thematischen Buchhandlung *Pro qm* zu Stadt, Politik, Pop, Ökonomiekritik, Architektur, Design, Kunst und Theorie, gibt er die politische Architekturzeitschrift *An Architektur. Produktion und Gebrauch gebauter Umwelt* mit heraus und ist Mitbegründer des Forschungs- und Ausstellungsgestaltungsstudios *Kooperative für Darstellungspolitik*. Jesko Fezer forscht und publiziert zur Architektur- und Designgeschichte der Nachkriegszeit, zu Entwurfsmethodik, Prozessorientierung und Partizipation sowie zur Politik der Gestaltung. Er ist Professor für experimentelles Design and der Hochschule für Bildende Künste Hamburg.

Dominique Gauzin-Müller gilt als Expertin für Holzkonstruktion und Nachhaltigkeit in Architektur und Städtebau. Seit 2007 ist die Architektin Chefredakteurin des französischen Architekturmagazin *EcologiK*. Als Autorin hat sie nicht nur in zahlreichen Architekturmagazinen publiziert, sondern ist auch Herausgeberin von Büchern wie *Nachhaltigkeit in Architektur und Städtebau* und *Ökologische Architektur in Voralrberg*. Neben Lehrtätigkeiten an verschiedenen Architekturfakultäten hält sie weltweit Vorträge zum den Themen des nachhaltigen Bauens.

Martin Haas war als Partner bei Behnisch Architekten für die Unilever Zentrale, den Marco Polo Tower in Hamburg sowie für das Ozeaneum in Stralsund verantwortlich. Den Schwerpunkt seiner Arbeit legt der Architekt auf die Entwicklung innovativer Nachhaltigkeitskonzepte im städtischen Kontext. Nach 6 Jahren der Partnerschaft gründet Haas im April 2012 sein eigenes Büro *haascookzemmrich/STUDIO2050* mit Projekten im In- und Ausland.

Als Mitinitator des DGNB ist Martin Haas Mitglied des Präsidiums. Ebenso ist Haas wissenschaftlicher Beirat der Bauhaus.SOLAR. Seit 2008 hat er eine Gastprofessur and der University of Pennsylvania, sowie an der Universita degli studi di sassari inne. 2011 gründet Martin Haas zusammen mit Thomas Auer, Transsolar und Daniel Dendra die Initative *Future City Lab*.

Hans-Dieter Hegner studierte an der Hochschule für Architektur und Bauwesen Sofia, Abschluss als Diplom-Bauingenieur. Tätigkeit in einem Planungsbüro und Experte für Wissenschaft und Technik im Ministerium für Bauwesen der DDR. Referent im Bundesministerium für Raumordnung, Bauwesen und Städtebau (BMBau) bzw. im Bundesministerium für Verkehr, Bau- und Wohnungswesen (BMVBW), verantwortlich für energiesparendes Bauen, Fragen der Bauforschung und der Modernisierung der Bausubstanz, Zusammenarbeit mit Osteuropa auf dem Gebiet des Bauwesens. Seit 2007 ist Hegner Leiter des Referates B 13 „Bauingenieurwesen, Bauforschung, nachhaltiges Bauen" im Bundesministerium für Verkehr, Bau und Stadtentwicklung (BMVBS) in Berlin.

Prof. Annette Hillebrandt ist seit 1994 selbständige Architektin mit Büro in Köln. Für ihre Werke erhielt sie zahlreiche Preise und Auszeichnungen, unter anderen den Förderpreis „Junge Künstlerinnen und Künstler" des Landes NRW 1997, den Architekturpreis „Zukunft Wohnen" 2003, den BDA-Preis „Gute Bauten" NRW 2005 und die Auszeichnung des Deutschen Fassaden-Preises VHF 2010 zusammen mit ihrem Büropartner Martin Schneider in msah: M. Schneider A. Hillebrandt Architektur. Sie ist seit 1998 Mitglied des BDA (Bund Deutscher Architekten), häufig Jurorin in Preisgerichten, seit 2010 in die Expertengruppe „Rückbau und Demontage" der DGNB berufen und seit 2012 Mitglied des Urban Mining e.V. Von 2001–2003 hatte sie eine Professur für Baukonstruktion, Entwerfen und Bauen im Bestand an der Fachhochschule Kaiserslautern inne und seit 2003 die Professur Tektonik | Baukonstruktion an der msa | münster school of architecture. Seit 2009 lehrt sie zudem Materialtechnologie. Sie ist Initiatorin der *material-bibliothek.de*.

Prof. Gerhard Kalhöfer studierte Kunstgeschichte an der Universität Marburg sowie Architektur an der RWTH Aachen und an der Kunstakademie Düsseldorf. Seit 1995 ist er selbständiger Architekt in Köln. Er ist Professor für Gebäudelehre, Architekturtheorie und Entwerfen am Fachbereich Gestaltung der Hochschule Mainz. Er forscht dort über Mobile Immobilien und Kommunikative Architekturen. Viele Projekte von *Kalhöfer-Korschildgen Architektur* und *Kalhöfer&Rogmans Kommunikation im Raum* sind wandelbar oder mobil und reagieren so auf komplexe Nutzeransprüche.

Edward T H Liu studied at the Bartlett School Of Architecture (1992–1995 and 1997-1999) where he was awarded the Sir Andrew Taylor and Ambrose Poynter prizes. He has worked at Foster + Partners (Hong Kong), Studio8 Architects and Penoyre & Prasad (London) on prize-inning projects such as Guangming Radiant City (2007) and Colliers ardens Care Home in Bristol (2006). Currently a partner at Barnaby Gunning Architects, he is the co-author of a number of Studio8 pubbications, the most recent of which are *Smartcities and Eco-warriors* (2010) and *London: Short stories in two-and-a-half dimensions* (2011).

Søren Nielsen is master in architecture from Royal Danish Academy of Fine Arts, School of Architecture in Copenhagen 1989, in 2007 supplied by a post-graduate master-degree in design theory. Teacher and lecturer at RDAFA, School of Architecture since 1995. From 1990-2000 he has been employed at the architecture office Vandkunsten in Copenhagen along with his own practice which occupied him full-time in the period of 2000–2007. As a partner at Vandkunsten since

2007, he is mainly responsible for major residential projects and for Vandkunsten's research and dissemination programme which in particular focuses on resource-gentle building technology and user participation. In parallel, Søren Nielsen since 2008 is Industrial PhD stipendiate at RDAFA, Centre for Industrial Architecture, on the subject of ‚Tectonics of Adaptability'.

Prof. Günter Pfeifer lehrte von 1992–2012 an der Technischen Universität Darmstadt im Fachbereich Architektur. Er führte seit 1975 ein Architekturbüro in Lörrach und Freiburg, im Laufe der Jahre mit diversen Partnerschaften. Seit 2005 firmiert das Büro unter Pfeifer Kuhn Architekten in Freiburg. Schwerpunkt seiner Tätigkeit und Forschung ist eine kybernetische, ganzheitlich betrachtete Architektur. 2011 gründete er die Fondation Kybernetik, ein Forschungslabor an der TU Darmstadt. Für seine Bauten hat er viele nationale und internationale Auszeichnungen erhalten. Er ist Autor zahlreicher Fachbücher. 2009 wurde ihm der Gottfried Semper Architekturpreis verliehen.

Prof. Dr. Martin Prominski studierte Landschaftsplanung an der TU Berlin, DAAD-Stipendiat an der Harvard University, Graduate School of Design, Abschluss „Master in Landscape Architecture". Er promovierte 2003 an der TU Berlin. Von 2003 bis 2008 war er Juniorprofessor für „Theorie aktueller Landschaftsarchitektur" an der Leibniz Universität Hannover und ist dort seit 2009 Professor für „Entwerfen urbaner Landschaften". Martin Prominski ist Gründungsherausgeber des *Journal of Landscape Architecture* (JoLA), der ersten wissenschaftlichen Zeitschrift für Landschaftsarchitektur in Europa.

Philippe Rahm studied at the Federal Polytechnic Schools of Lausanne and Zurich. He obtained his architectural degree in 1993. He works currently in Paris (France). In 2002, he was chosen to represent Switzerland at the 8th Architecture Biennale in Venice and was one of the 25 manifesto's architects of the Aaron Betsky's 2008 Architectural Venice Biennale. He was Head-Master of Diploma Unit 13 at the AA School in London in 2006, Visiting professor in Mendrisio Academy of Architecture in Switzerland in 2004 and 2005, at the ETH Lausanne in 2006 and 2007, guest professor at the Royal School of Architecture of Copenhaguen in 2010. He is currently visiting professor in Princeton, USA. He is working on several private and public projects in Europe and Asia, including the Taichung Gateway Park, a Park of 70 ha in Taiwan. He has lectured widely, including at Cooper Union NY, Harvard School of Design, UCLA and ETH Zurich.

Prof. Jürgen Reichardt ist Mitbegründer des seit 1991 bestehenden Architekturbüros Reichardt-Maas-Assoziierte (RMA) und Professor an der msa | münster school of architecture. Zusätzlich ist er auch Dozent an der FH Gießen-Friedberg für den Fernstudiengang Gebäudegestaltung und Facility Management. Seine Arbeitsschwerpunkte liegen in der synergetischen Gebäudeplanung, der Planungskoordination von Bauleistungen aus integraler Sicht und dem Facility Management im Bereich Energie- und Klimasimulationen.

Eike Roswag ist seit 2009 Geschäftsführer und alleiniger Gesellschafter von Roswag Architekten Gesellschaft mbH als Teil von Ziegert | Roswag | Seiler Architekten Ingenieure. Seine Entwürfe und Bauten sind gelungene Beispiele ganzheitlich konzipierter, nachhaltiger Gebäude.

Prof. Joachim Schultz-Granberg ist Architekt und Stadtplaner mit Schwerpunkt Städtebau und Stadtforschung. Er studierte an de TU Berlin und der TU Delft. Er war wissenschaftlicher Mitarbeiter am Fachgebiet für Städtebau und Architektur der TU Berlin. Er war Projektleiter im Büro KCAP, Rotterdam. Seit 2001 ist er als selbstständiger Architekt in Berlin tätig. 2010 erhielt er die Professur für Städtebau an der msa | münster school of architecture.

Adeline Seidel studierte Architektur und Stadtplanung. Seit 2012 ist sie ein Kopf des Thinktanks Zukunftsinstitut in Frankfurt mit den Themenschwerpunkten Urbanisierung, Ökologie und Kultur. Von 2006 bis 2011 forschte und lehrte sie als wissenschaftliche Mitarbeiterin am Lehrstuhl für Städtebau, Fachbereich Architektur der TU Darmstadt. Von 2010 bis 2011 war sie zudem für das Weißenhof-Institut der Akademie der bildenden Künste Stuttgart tätig. 2008 gründete sie das Magazin und Studio *GENERALIST*, dass sich auf die Vermittlung und das Publizieren von Themen innerhalb des weiten Gebietes von Architektur, Gestaltung und urbanem Raum konzentriert.

Prof. Dr.-Ing. Hermann-Josef Wagner ist Professor für Energiesysteme und Energiewirtschaft und Geschäftsführender Direktor des Instituts für Energietechnik der Ruhr-Universität Bochum. Er beschäftigt sich mit energietechnischen wie energiewirtschaftlichen Fragestellungen gleichermaßen. Nach der Promotion an der RWTH Aachen war er Stellvertretender Sekretär der Enquete -Kommission „Zukünftige Kernenergiepolitik" des Deutschen Bundestags und danach Leiter der Systemanalyse im Forschungszentrum Jülich. Bevor er im Jahre 2001 nach Bochum ging hatte er Professuren an der Technischen Universität Berlin und der Universität Essen inne. Die Universität Duisburg ernannte ihn zum Honorarprofessor. Er wurde in die Akademie LEOPOLDINA berufen und er ist Vorsitzender der Gesellschaft Energie und Umwelt im Verein Deutscher Ingenieure. Neben seinen wissenschaftlichen Veröffentlichungen schrieb er mehrere Fach- und Sachbücher. Im Jahre 20210 zeichnete ihn der Bundespräsident mit dem Bundesverdienstkreuz aus.

DANKSAGUNG

Danke!

Ein ganz besonderer Dank ist der Fachochschule Münster für die Unterstützung des Projektes aus den Mitteln des Studienbeitragsfonds auszusprechen. Ebenso möchten wir uns bei dem Fachbereich Architektur (msa | münster school of architecture) und dem Fachbereichsrat für die fachliche und administrative Unterstützung und das Vertrauen herzlich bedanken. Auch dem Vertrauen und praktischen Hinweisen der Dekanin Prof. Bolles-Wilson gebührt ein tiefer, persönlicher Dank. Frau Uthman danken wir für die dauerhafte Unterstützung in allen praktischen Fragen. Dieses Buch wäre ohne die Unterstützung und das Engagement aller Mitwirkenden nicht entstanden.Wir danken unseren Autoren für ihre spannenden Beiträge und Anregungen. Auch unseren Referenten der Symposienreihe „Sustainable by Design"im Sommer 2011, auf die diese Publikation aufbaut, gebührt ein besonderer Dank für die anregenden Diskussionen und Vorträge. Vielen Dank auch an Klaus Dörner, Adam Drobiec, Frederike Ix, Stephanie Monteiro Kisslinger und Anna Sumik für ihre wunderbare Mitarbeit. Und natürlich geht auch ein großes Dankeschön an den Verlag Jovis Verlag Berlin mit Jochen Visscher, Philipp Sperrle und Susanne Rösler. Danke!

IMPRESSUM

© 2012 by jovis Verlag GmbH

———

Das Copyright für die Texte liegt bei den Autoren.
Texts by kind permission of the authors.

———

Das Copyright für die Abbildungen liegt bei den
Fotografen/Inhabern der Bildrechte.
Pictures by kind permission of the photographers/holders
of the picture rights.

———

Alle Rechte vorbehalten.
All rights reserved.

———

Konzept und Redaktion | *Concept and editorial*
Hans Drexler, Adeline Seidel

———

Gestaltung und Satz | *Design and setting*
Adeline Seidel, Stephanie Monteiro Kisslinger für Nora Wirth (3KARAT)

———

Druck und Bindung | *Printing and binding*
GCC Grafisches Centrum Cuno, Calbe

———

Bibliografische Information der Deutschen Nationalbibliothek
Die Deutsche Nationalbibliothek verzeichnet diese Publikation in der Deutschen
Nationalbibliografie; detaillierte bibliografische Daten
sind im Internet über http://dnb.d-nb.de abrufbar.
Bibliographic information published by the Deutsche Nationalbibliothek
The Deutsche Nationalbibliothek lists this publication in the Deutsche
Nationalbibliografie; detailed bibliographic data are available on
the Internet at http://dnb.d-nb.de

———

jovis Verlag GmbH
Kurfürstenstraße 15/16
10785 Berlin

www.jovis.de

ISBN: 978-3-86859-166-8

Mit freundlicher Unterstützung von | *Kindly supported by*

Münster University of
Applied Sciences